Timo Gottleuber

Wie selbstorganisierte Teamarbeit zum Erfolg führt

Voraussetzungen, Chancen und Nachteile agiler Teams

Bibliografische Information der Deutschen Nationalbibliothek:

Die Deutsche Nationalbibliothek verzeichnet diese Publikation in der Deutschen Nationalbibliografie; detaillierte bibliografische Daten sind im Internet über http://dnb.d-nb.de abrufbar.

Inhaltsverzeichnis

Abbildungsverzeichnis

1 Einleitung

Die nachfolgende Bachelorarbeit stellt dar, wie das System der selbstorganisierten Teamarbeit funktioniert und welche Vorteile bzw. Nachteile diese Art von Teamarbeit mit sich bringt. Besonders sollen dabei die Einflussfaktoren, sowie Merkmale der selbstorganisierten Teamarbeit und Lösungen möglicher Konflikte innerhalb dieser Teams aufgezeigt werden.

Die heutige Arbeitswelt und Arbeitskultur befinden sich in einem stetigen wandelnden Prozess, der die Aufgaben und Verantwortungen der Führungskräfte, aber auch der Mitarbeiter in den letzten Jahren verändert hat. Diese Veränderungen bringen neue Herausforderungen für die Führungskräfte mit sich, aber zugleich, werden den Mitarbeitern mehr Eigenverantwortung für ihren beruflichen Erfolg übertragen. Durch u. a. politische, ökonomische, soziale und demografische Veränderungen wurde dem Modell des Business Agility in den letzten Jahren einen hohen Stellenwert zugeschrieben. Unternehmen müssen dafür sorgen, dass bereits vorhandene Chancen effizient genutzt werden und das Unternehmen auch in den folgenden Jahren noch wettbewerbsfähig bleibt. Um dies zu erreichen, bedarf es einer effizienten Arbeitsorganisation und Aufgabenverteilung.[1]

Um diese zukünftigen komplexen Aufgabenherausforderungen zu bewältigen, rücken vor allem teambasierte Organisationsformen in den Vordergrund. Vor allem selbstorganisierte Teams, in denen die Mitarbeiter ihre Aufgaben selbständig koordinieren und mit einander kommunizieren sollen dafür geeignet sein. Dadurch erhalten die Mitarbeiter die Möglichkeit sich aktiv einzubringen und ihr Potential voll ausschöpfen zu können. Dass erhöht die Motivation und ermöglicht es komplexe Aufgaben zu bewältigen.[2]

Damit die selbstorganisierte Teamarbeit aber effizient und innerhalb der Teams funktionieren kann, müssen zuvor bestimmte Gegebenheiten vorhanden sein. Daher ist es interessant, welche Voraussetzungen und Kompetenzen für eine erfolgreiche Teamarbeit vorhanden sein müssen und welche Konflikte innerhalb dieser Teams auftreten können. Das soll mithilfe dieser Arbeit verdeutlicht werden.

---

[1] vgl. Kaltenecker, S. (2018): Selbstorganisierte Teams führen, 2. Aufl., Heidelberg: Dpunkt.Verlag, S. 19 f.

[2] vgl. Achouri, C. (2018): Human Resources Karriere im Personalmanagement, 1. Aufl., Stuttgart: Kohlhammer, S. 235 f.

Um sich einen ersten Überblick über die Thematik zu verschaffen, sollten zunächst die Begriffe Selbstorganisation und Teamarbeit allgemein genauer betrachtet werden. Das Kapitel 2 *Selbstorganisation* zeigt die Merkmale einer Selbstorganisation auf und betrachtet sowohl die autogene als auch die autonome Selbstorganisation. Das Kapitel 3 *Teamarbeit* soll die Bedeutung des Begriffs genauer erläutern und die Phasen der Teambildung und Teamentwicklung sollen durch das Phasenmodell nach Bruce W. Tuckman genauer aufgezeigt werden. Zum Schluss des Kapitels soll der Mehrwert der Teamarbeit aufgezeigt werden. Beide Kapitel geben einen guten anfänglichen Einblick in die Thematik. Im 4. Kapitel *Einflussfaktoren einer erfolgreichen Teamarbeit* werden speziell die verschiedenen Einflussfaktoren, die für eine erfolgreiche Teamarbeit notwendig sind, aufgezeigt. Das Kapitel endet mit einem ersten Zwischenfazit. Im Anschluss wird nun im Kapitel 5 *Selbstorganisierte Teamarbeit* explizit auf selbstorganisierte Teams eingegangen. Durch genauere Betrachtung des systemtheoretischen Ansatzes und den Voraussetzungen von selbstorganisierter Teamarbeit können die Merkmale, sowie das Kompetenzprofil dieser Teams abgeleitet werden. Im Anschluss folgen nun zwei Kapitel, in denen die Vorteile und Nachteile selbstorganisierter Teamarbeit veranschaulicht werden.

Im Kapitel 6 *Vorteile der selbstorganisierten Teamarbeit* wird zunächst auf den Nutzen von selbstorganisierten Teams eingegangen und die dadurch gewonnene Effizienzsteigerung unternehmensspezifischer Abläufe untersucht. Zwar benötigen diese Teams keine äußerliche komplexe Führungsstruktur mehr, allerdings ist eine gewisse Führung trotzdem notwendig. Daher wird zum Abschluss des Kapitels die systemische Führung, sowie das Modell der geteilten Führung in selbstorganisierten Teams genauer betrachtet. Abschließend beschäftigt sich das Kapitel 7 *Nachteile der selbstorganisierten Teamarbeit* mit den möglichen Nachteilen für die Führungskraft und den Mitarbeiter. Die möglichen Konflikte, die in diesen Teams vorkommen können und wie genau das daraus resultierende Konfliktmanagement und eine gute Konfliktkompetenz aussehen, schließt diese Bachelorarbeit ab.

2 Selbstorganisation

Um die Thematik der selbstorganisierten Teamarbeit im Ganzen betrachten zu können, ist es meiner Meinung nach hilfreich zuerst das System der Selbstorganisation genauer zu betrachten. Dieses Kapitel soll einen anfänglichen Überblick über den Begriff der Selbstorganisation geben. Um etwas genauer in die Thematik einzusteigen, wird anschließend zwischen der autogenen Selbstorganisation und der autonomen Selbstorganisation unterschieden.

2.1 Begriffserklärung und Merkmale

Durch Veränderungen in verschieden Bereichen der Arbeitswelt, wie z.B. der Digitalisierung, hat sich der Blick auf die Führung in den letzten Jahren geändert. Aufgrund komplexerer Arbeitsaufgaben und wachsenden Wunsch der Mitarbeiter zur Mitwirkung und Selbstbestimmung von Arbeitsprozessen rücken selbstverantwortliche Teams immer mehr in den Vordergrund und verdrängen die typische Rolle des Managers. Das bedeutet nicht, dass die Rolle der Führungskraft verschwindet, vielmehr geht es darum, dass den Mitarbeitern die Freiheit gegeben wird, Eigenverantwortung für ihre Arbeit zu übernehmen und somit ihre Kreativität zu fördern. In der Praxis hat sich gezeigt, dass eine solche gewisse Mitverantwortung und Eigengestaltung von Prozessen eine gute Motivation für die Mitarbeiter darstellen. Lange Top-down Befehlsketten sind dazu in der heutigen Zeit nicht mehr effizient, da am schnellsten auf etwaige Veränderungen oder Probleme direkt vor Ort reagiert werden kann. Zu hoher autoritärer Druck der Führungskraft kann, wenn es darum geht das volle Potential der Mitarbeiter voll entfalten zu wollen nicht zum Erfolg führen. Die Führungskraft sollte eher als Vorbild und Moderator der selbstorganisatorischen Prozesse gesehen werden. Ihre Aufgabe besteht darin zuzuschauen, Fragen zu stellen und wenn nötig professionelles Feedback zu geben. Zusammengefasst kann man also sagen, dass das wichtigste Merkmal der Selbstorganisation die zunehmende Orientierung auf die Eigenverantwortlichkeit der Mitarbeiter umfasst und wegführt von starren autoritären Führungsstilen mit Kontrollen der Mitarbeiteraktivitäten.[3]

---

[3] vgl. Achouri, C. (2013): Wenn Sie wollen, nennen Sie es Führung, 2. Aufl., Offenbach am Main: Gabal, S. 218 f.

Um die Merkmale der Selbstorganisation genauer betrachten zu können wird zur Hilfe nun zwischen der autogenen Selbstorganisation und der autonomen Selbstorganisation unterschieden.

2.2 Autogene Selbstorganisation

Die Autogene Selbstorganisation kommt vor allem in den Naturwissenschaften vor und wird insbesondere von Physikern, Chemikern und Biologen betrachtet. Dabei geht es um das Zusammenspiel von Teilchen in der Physik und Chemie oder um Lebewesen in der Biologie, die zusammen sich verbinden und eine neue Form bilden, z. B. einen Kristall oder Fischschwärme. Diese Formen wirken für uns organisiert. Ein weiteres Beispiel wäre die Betrachtung von Ameisenkolonien bzw. Bienenstöcken, die uns trotz fehlenden fixen Mittelpunkten eine gewisse Ordnung aufzeigen. All diese Beispiele wirken auf uns als ein großes gut organisiertes System, das jedoch ohne Eingriffe von außen entstehen kann. Diese Erkenntnisse übertragen die Forscher darüber hinaus auch in den sozialwissenschaftlichen Bereich.

Von autogener Selbstorganisation in Unternehmen spricht man, genauso wie in der Naturwissenschaft, wenn höhere Instanzen zwar vorhanden sind, diese aber nichts an die untere Instanz vorgeben oder beauftragen. Wenn innerhalb dieser Instanzen selbst und nach eigenen Regeln agiert wird, ohne dass es dazu einen entsprechenden Befehl der höheren Instanz gibt und auch eine Selbstorganisation nicht explizit als System eingebunden ist, spricht man auch in sozialen Systemen von einer autogenen Selbstorganisation. Ziel kann dabei unter anderem sein, die Ziele eines Unternehmens unkompliziert und schnell zu erfüllen, wie z. B. die schnelle Lösung einer Kundenanfrage, aber auf eine eher ungewöhnliche Weise. Es gibt aber auch negative Beispiele, bei der die Ziele eines Unternehmens bewusst hintergangen werden, wie u. a. bei der Veruntreuung. Betrachtet man die Merkmale der autogenen Selbstorganisation im Gesamten kann für ein Unternehmen dieses Modell nicht erstrebenswert und erst recht keine Lösung für die Stärkung von Selbstorganisation sein. Andersrum sieht es mit der autonomen Selbstorganisation aus.[4]

---

[4]   vgl. Aulinger, A. (2017): Selbstorganisation – ein Organisationsprinzip für Agilität. URL: https://steinbeis-iom.de/app/uploads/2017-10-Whitepaper_Selbstorganisation.pdf (abgerufen am 25.10.2019)

2.3 Autonome Selbstorganisation

Durch die heutige dynamische Umwelt müssen die Unternehmen sich immer mehr auf Veränderungen einstellen. Das macht es unabdingbar die Anpassungsfähigkeit, sowie die Lernprozessfähigkeit zu stärken. Das kann durch die Implementierung einer autogenen Selbstorganisation erreicht werden. Anders als bei der autogenen Selbstorganisation gibt es die autonome Selbstorganisation nur in sozialen Systemen. Hier muss die Selbstorganisation nämlich erst von einer entsprechenden Führungsstelle fremdorganisiert werden. Das bedeutet, dass diese autonome Selbstorganisation erst von einer höheren Instanz vorbereitet, geplant und umgesetzt werden muss. Den Mitarbeitern wird somit, anders als bei der autogenen Selbstorganisation ein gewisser selbstverantwortlicher Handlungsspielraum zugetragen. Sollten aufgestellte Regeln verletzt werden, oder die vorgegebenen Ziele nicht erreicht werden, kann diese Erlaubnis auch wieder entzogen werden. Verschiedene Maßnahmen können bei der Umsetzung eine Rolle spielen, wie z.B. Strukturänderungen innerhalb des Unternehmens bzw. der Abteilung und Änderungen an den Mitarbeitern, wie z. B. der Bildung von Teams und Recruiting. Man sieht also, dass bei der autonomen Selbstorganisation den Mitarbeitern zwar eine gewisse Freiheit gegeben wird, diese aber vorher durch die Führungskraft geregelt und gegebenenfalls auch in gewissem Maß überprüft wird.[5]

Aus dieser Definition lassen sich drei zentrale Merkmale der autonomen Selbstorganisation ableiten: Autonomie, Dezentralisation und Redundanz. Bei der Autonomie differenziert man zwischen der vertikalen und der horizontalen Autonomie. Die vertikale Autonomie beschreibt die relative Autonomie der Mitarbeiter in untergeordneten Organisationsebenen, während bei der horizontalen Autonomie zwischen den Organisationen auf der gleichen Hierarchieebene Unabhängigkeit herrscht. Wird von einer höheren Ebene den Mitarbeitern auf den unteren Ebenen die Erlaubnis gegeben bestimmte Entscheidungen selbständig treffen zu können, spricht man von einer sogenannten Dezentralisation.

---

[5]   vgl. Bhagwati, M. (o.J.): Selbstorganisation. URL: http://www.daswirtschaftslexikon.com/d/selbstorganisation/selbstorganisation.htm (abgerufen am 25.10.2019)

Bei einer Redundanz innerhalb eines Unternehmens spricht man von einer Kopie von Arbeitsteilen. Das bedeutet, dass mehrere Bereiche bzw. Teile der Organisation identische Arbeitsschritte verrichten können. Das hat den Vorteil, dass es keine strikte Arbeitsteilung gibt, was wiederum die Autonomie erhöht.[6]

---

[6]　ebd.

3 Teamarbeit

Das Kapitel gibt einen allgemeinen Überblick über das Thema Teamarbeit, indem zuerst die Definition des Begriffs genauer analysiert wird. Im Anschluss werden die verschiedenen Phasen der Teambildung mithilfe des Tuckman Phasenmodells aufgezeigt. Dazu soll auch näher auf die Teamentwicklung eingegangen werden. Um die wichtige Bedeutung der Teamarbeit herauszustellen, soll am Ende des Kapitels der Mehrwert einer erfolgreichen Teamarbeit aufgezeigt werden.

3.1 Begriffserklärung und Merkmale

In der heutigen komplexen Arbeitsumwelt haben Teams eine wichtige Bedeutung in modernen Organisationen. Zum einen werden die Arbeitsaufgaben immer komplexer und das dafür vorgesehene Zeitfenster ist gering, sodass diese Aufgaben nicht allein bewältigt werden können. Durch das Arbeiten in Teams können Aufgaben aufgeteilt werden und Kreativität und Wissen können ausgetauscht werden. Ebenso werden durch Teams die Eigenverantwortung, Selbstorganisation und Motivation der Mitarbeiter gestärkt. Aber auch die Mitarbeiter selbst sind der Teamarbeit überwiegend positiv gegenübergestellt, da das Verlangen nach Entscheidungsbefugnissen und einem guten sozialen Arbeitsumfeld wächst.[7]

Teams haben einige organisationale Funktionen. Zum einen dienen sie dazu komplexe Arbeitsaufgaben, die viel unterschiedliches Wissen erfordern, in möglichst geringer Zeit zu bearbeiten. Dabei wird meistens darauf geachtet, dass das Team so zusammengestellt wird, damit die Interessen des Unternehmens gedeckt sind. Das bedeutet, dass für eine effiziente Teamarbeit die richtige Zusammenstellung des Teams eine hohe Bedeutung hat. Eine weitere Funktion ist Verlagerung der Verantwortung auf mehrere Personen bei wichtigen Entscheidungen. So wird sichergestellt, dass Entscheidungen nicht leichtfähig getroffen werden.[8]

Um die Definition einer Gruppe genauer zu verstehen, sollte man zuerst die verschiedenen Merkmale einer Gruppe genauer betrachten. Eine Gruppe besteht aus einer Mehrzahl von Personen. In der Regel geht man aber mindestens von drei Personen aus, da sich so Phänomene wie Mehrheitsbildungen und Koalitionen

---

[7] vgl. Becker, F. (2016): Teamarbeit, Teampsychologie, Teamentwicklung, 1. Aufl., Berlin: Springer, S. 1 ff.

[8] vgl. Nerdinger, F.; Blickle, G.; Schaper, N. (o.J.): Arbeits- und Organisationspsychologie, 4. Aufl., Berlin: Springer, S. 120

beobachten lassen. Eine genaue Obergrenze lässt sich aber nur schwer festlegen, meistens wird hier die Zahl der Mitarbeiter, die einer Führungskraft unterstellt sind, herangezogen. Ein weiteres Merkmal ist die Zeit, die es für die Entwicklung einer Gruppe benötigt. In dieser Zeit durchläuft die Gruppe verschiedene Phasen, auf die später noch genauer eingegangen wird. Ebenso wichtig ist die Ermöglichung der direkten Interaktion und Kommunikation zwischen den Gruppenmitgliedern. So werden Machtverhältnisse innerhalb der Gruppe geklärt sowie Sympathie aufgebaut. Für die gemeinschaftliche Bearbeitung komplexer Aufgaben ist dieser direkte Kontakt unabdingbar.[9] Durch den starken Wandel der Digitalisierung, können aber ebenso größtenteils virtuell kommunizierende Gruppen entstehen. In einer gut funktionierenden Gruppe gibt es zudem eine klare Rollendifferenzierung. Dies bedeutet wiederum, dass jedes Mitglied der Gruppe sich darüber im Klaren ist, welche Rolle er zu übernehmen hat und diese Rollen sich innerhalb des Teams gegenseitig ergänzen. Dabei wird zwischen zwei verschiedenen Dimensionen unterschieden. Bei der vertikalen Dimension spricht man immer von einem sogenannten Teamanführer bzw. Teamleiter, der aus der Gruppe hinaussticht und die Führung übernimmt. Bei der horizontalen Dimension weist die Gruppe untereinander die verschiedenen Rollen zu, je nachdem, um welche Aufgabe es sich handelt und wie sich die einzelnen Kompetenzen der Gruppenmitglieder herauskristallisieren. Eine gute Gruppe kann dabei aber nur funktionieren, wenn bestimmte Verhaltensweisen eingehalten werden. Diese Normen entwickelt die Gruppe im Laufe der Zeit selbst und alle Mitglieder sollten sich im Laufe der Gruppenarbeit daranhalten. Dies ist sehr wichtig für eine reibungslose und effiziente Zusammenarbeit. Diese Normen fördern u.a. die Orientierung, Stabilisierung und Koordination der Gruppe. In einer Gruppe ist es erstrebenswert, dass sich die Mitglieder innerhalb der Gruppe wohlfühlen und sich somit ein Gefühl der Gemeinschaft einstellt. Dies wird auch als Gruppenkohäsion bezeichnet. Der Umfang der Kohäsion ist unter anderem von den Determinanten: Motive, Anreiz, Erwartung und dem Vergleichsniveau innerhalb der Gruppe abhängig.[10]

Um ein möglichst optimales Team zusammenstellen zu können, müssen Mitarbeiter mit verschiedenen Eigenschaften und Fähigkeiten zusammengebracht werden. Für den Erfolg der Gruppe wichtig sind, z. B. Kreativität, Motivation, kritische

---

[9]   vgl. Rosenberger, V. (2018.): Selbstorganisierte Teams. Konstruktive Konfliktlösung für eine erfolgreiche Teamarbeit, 1. Aufl., München: Grin Verlag, S. 4 ff.

[10]   vgl. Nerdinger; Blickle; Schaper o.J., S. 120 ff.

Hinterfragungen, sowie aber auch Gruppenmitglieder, die das Team an sich und die Zieleinhaltungen der Gruppe bzw. die Bearbeitungszeit im Auge behalten. So kann sichergestellt werden, dass unterschiedliche Potentiale voll ausgenutzt werden und etwaige Schwächen einzelner Gruppenmitgliedern kompensiert werden. Dabei führt eine ausgewogene Mischung zum Erfolg. Ebenso wichtig wie die unterschiedliche Vielfalt in einer Gruppe, sind aber auch die Gemeinsamkeiten. Jedes Gruppenmitglied sollte eine gewisse Motivation, Lernfähigkeit und Lernbereitschaft, geistige Beweglichkeit, Frustrationstoleranz und Kritikfähigkeit in das Team mit einbringen.

Die Aufgabenstellung ist neben der Gruppenstruktur ein ebenso wichtiger Faktor. Die Aufgabe muss präzise gestellt sein und zu den unterschiedlichen Fähigkeiten der Gruppenmitgliedern passen. Die anschließende Aufgabenverteilung innerhalb der Gruppe kann diese anschließend selbständig unter sich aufteilen, je nachdem, wie die unterschiedlichen Fähigkeiten jedes Mitgliedes aussehen. [11]

3.2 Phasen der Teambildung und Teamentwicklung

Damit sich Gruppen zu einem Team zusammenfinden und gut mit einander zusammenarbeiten können, müssen sie zunächst einen Prozess durchlaufen. Um ein Team zu bilden, durchläuft die Gruppe in diesem Prozess mehrere Phasen. Diese Phasen dienen der Orientierung, der Konfliktlösung und der Strukturerstellung des Teams.

Das Tuckman Phasenmodell beschreibt hier 4 Phasen, die eine Gruppe normalerweise durchlaufen muss, um ein arbeitsfähiges Team zusammenzustellen: forming (Orientierungsphase), storming (Konfronatationsphase), norming (Organisationsphase), performing (Integrationsphase). In der Regel laufen diese Phasen aber nicht stur hintereinander ab, sondern können sich gegenseitig überschneiden. Daher ist es wichtig auftretende Probleme direkt zu beseitigen, da diese sonst in anderen Phasen erneut auftauchen können. In der Orientierungsphase können sich die Gruppenmitglieder erst einmal kennen lernen. Hier herrscht meistens noch eine eher passive Haltung, da sich die Gruppenmitglieder noch nicht im Klaren sind, was genau ihre Aufgaben sind und wie sie sich einbringen können. Hier ist es besonders wichtig, dass der Gruppenleiter klare Strukturen aufzeigt und präzise formuliert welche Erwartungen zu erfüllen sind, sowie Raum für persönliches

---

[11] vgl. Meier, R. (2012): 30 Minuten Teamarbeit, 5. Aufl., Offenbach: Gabal, S. 10 ff.

Kennenlernen schafft.[12] Ist die erste Kennenlernphase durchlaufen, bilden sich die ersten Rollenverteilungen und Machtkämpfe, die nicht immer ohne Konfrontationen von statten gehen. In dieser Konfrontationsphase ist es wichtig, dass die Gruppenmitglieder sich unter einander zusammenraffen und manchmal für die Zielerreichung des Unternehmens auch über ihren eigenen Schatten springen können. Konflikte, die in dieser Phase nicht beigelegt werden können, werden mit großer Wahrscheinlichkeit mit in die nächsten Phasen getragen. Für die Führungskraft ist es daher wichtig für eine gewisse Disziplin zu sorgen, jedoch sollten die Konflikte nicht gänzlich unterbunden werden, da die selbständige Konfliktlösung zu dem Prozess einer arbeitsfähigen Teambildung dazugehören. Sind die anfänglichen Probleme und Meinungsverschiedenheiten geklärt kommt in der Organisationphase das erste „Wir" Gefühl auf. Die Mitglieder fangen an sich in der Gruppe wohlzufühlen und sich selbst zu steuern, indem Aufgaben verteilet werden und Normen aufgestellt werden. Es wird eine Struktur aufgestellt, um die Ziele und Erwartungen bestmöglich erreichen zu können. Die Führungskraft kann in dieser Phase z. B. bei der Aufgabenverteilung helfen und Teambesprechungen einberufen. Sind die ersten Phasen des Kennenlernens, der Konfliktlösungen und Organisation durchlaufen, kristallisieren sich in der 4. Phase die Rollen innerhalb der Gruppe heruas und die Stärken der Gruppenmitglieder werden miteinander kombiniert. Hier tritt eine erste Selbstorganisation auf und das Ziel ist es Schwächen zu kompensieren und Stärken bestmöglich einzusetzen, um die vorgegebenen Ziele erreichen zu können. Allerdings kann es auch in dieser Phase noch zu etwaigen Konflikten bzw. Meinungsverschiedenheiten kommen, da sich die Rollen im Team nun sehr stark herauskristallisieren. Die Führungskraft sollte sich in dieser Phase nun weitestgehend zurückziehen.[13]

Diese Phasen laufen eher selten konfliktfrei ab, allerdings gibt es verschiedene Maßnahmen der Teamentwicklung, um die Teamleistung zu stärken. Die Teamentwicklung sorgt für die Stärkung und den Erhalt der Gruppe und sorgt dafür, dass Fähigkeiten effizient eingesetzt werden können. Die Teamentwicklungsmaßnahmen sollen dafür sorgen, dass der Gruppe klar wird, welche Aufgaben sie haben, wo ihre Stärken liegen und welche Vorteile sie aus der Zusammenarbeit ziehen können. Eine gute Information und Kommunikation, soll den Mitarbeitern die

---

[12] vgl. Diepenhorst, H. (o.J.): Tuckman Phasenmodell. URL: https://teamentwicklung-lab.de/tuckman-phasenmodell (abgerufen am 30.10.2019)

[13] vgl. Meier 2012, S. 22 f.

Zusammenarbeit erleichtern und die Möglichkeit geben, Konflikte innerhalb des Teams selbständig zu lösen. Die Darstellung von bereits erreichten Erfolgen kann dazu bei der Motivation des Teams behilflich sein. Vor allem geht es also um die Schaffung eines Zugehörigkeitsgefühls und der Verhinderung von Konflikten, denn nur wenn alle Mitarbeiter eines Teams gemeinsam an einem Strang ziehen, können die Potentiale eines jeden voll ausgeschöpft werden und die bestmöglichen Ergebnisse erzielt werden. Durch die richtigen Maßnahmen der Teambildung, sowie einer guten Struktur, können Konflikte vorgebeugt werden und die Teamarbeit führt eher zum Erfolg.[14] Gloger und Rösner liefern in ihrem Buch eine gute zusammenfassende Definition der Teamentwicklung: „Teamentwicklung definiere ich daher als die gezielte und bewusste Einwirkung auf die komplexen, offenen und verdeckten Prozesse eines definierten Teams, bezogen auf die Aufgabenstellung, das formelle und informelle Struktur- und Beziehungsgefüge und die einzelnen Teammitglieder, um Selbstorganisation zu entwickeln und zu gestalten."[15]

3.3 Vorteile der Teamarbeit

Teamarbeit eignet sich immer dann, wenn komplexe Aufgaben, die eine Vielzahl an verschiedenen Fähigkeiten und Wissen erfordern, bearbeitet werden sollen. Unterschiedliche Fähigkeiten und Stärken können gezielt unter den Teammitgliedern aufgeteilt werden, wodurch sich auch komplexere Aufgabenstellungen zusammen bearbeiten lassen. Dabei sollte unbedingt die Aufgabenstellung klar formuliert sein und die Rollenverteilung innerhalb des Teams von vornherein eindeutig geklärt sein.

Die Teamarbeit fördert dazu die individuellen Charaktereigenschaften der Mitarbeiter. In Teams kann Wissen ausgetauscht werden, neues erlernt werden, die Kommunikationsfähigkeit, die soziale Kompetenz und der Zusammenhalt gestärkt werden.[16]Aus ökonomischer Sicht hat die Teamarbeit vor allem die Vorteile, dass in einem Team produktiver und leistungsfähiger gearbeitet wird. Durch die Bearbeitung der Aufgabe von verschiedenen Mitarbeitern, die wiederum verschiedenes Wissen und Fähigkeiten mit in das Team bringen, werden die Stärken aller Teammitglieder optimal genutzt. Aus sozialer Sicht steigt zudem die Motivation der

---

[14] vgl. Meier 2012, S. 27

[15] Gloger, B.; Rösner, D. (2018): Selbstorganisation braucht Führung 2. Aufl., München: Carl Hanser Verlag, S. 108

[16] vgl. Eberhardt, D. (Hrsg.) (2013): Together is better?, 1. Aufl., Berlin: Springer, S. 12 ff.

Mitarbeiter in einem Team und die Loyalität und Arbeitszufriedenheit werden gestärkt. Durch die Arbeit im Team identifizieren sich die Mitarbeiter stärker mit ihren Kollegen und dem Unternehmen.[17]

Auf der anderen Seite kann die Teamarbeit allerdings auch mögliche Probleme mit sich bringen. Durch die Arbeit im Team können die Aufgaben durch die verschiedenen Prozesse schnell sehr komplex werden. Ebenso ist der Koordinationsaufwand eines Teams, von der Bildung, wie im vorherigen Kapitel bereits aufgezeigt bis zur Aufgabenlösung sehr hoch und benötigt ein gewisses Maß an Zeit. Auch die Führung und Messung des Erfolges kann sich durch die Gruppendynamik als schwierig erweisen. Darüber hinaus kann ein Team nicht nur die Motivation der Mitarbeiter steigern, es kann auf der anderen Seite bei sozialen Konflikten auch zu einem Motivationsverlust kommen. Zu einem Motivationsverlust kann es z. B. kommen, wenn nicht alle Teammitglieder die benötigten sozialen Kompetenzen mitbringen und es so immer wieder zu Konfliktsituationen kommt. Ebenso kann es demotivierend wirken, wenn die eigentliche Zusammenarbeit und die Erfolge nicht dem entsprechen, was ich mir vorgestellt habe und eventuell nicht alle Zielvorgaben in diesem Team erreicht werden können.[18] Damit eine Teamarbeit funktioniert und zum gewünschten Erfolg führt, muss ein besonderer Blick auf die Gestaltung der Aufgabe und der Teamzusammensetzung geworfen werden. Diese Thematik soll im nächsten Kapitel genauer beleuchtet werden.

---

[17] vgl. Warkentin, N. (o.J.): Teamarbeit: Voraussetzungen, Vorteile, Tipps. URL: https://karrierebibel.de/teamarbeit/phasenmodell (abgerufen am 30.10.2019)
[18] vgl. Nerdinger; Blickle; Schaper o.J., S. 125 ff.

4 Faktoren für eine effiziente Teamarbeit

Für eine erfolgreiche Zusammenarbeit im Team gibt es mehrere Faktoren, die maßgeblich dazu beitragen. In diesem Kapitel sollen diese verschiedenen Einflussfaktoren aufgezeigt werden. Wichtig dabei ist die Gestaltung des Umfeldes und der Teamaufgabe, sowie die Zusammensetzung des Teams, um die verschiedenen Kompetenzen der Mitarbeiter optimal einsetzen zu können. Um die Quantität und Qualität eines Teams effizient nutzen zu können, ist es ebenso entscheidend ein Auge auf die Teamsteuerung zu werfen. Diese Steuerung ist besonders wichtig für die Sicherstellung der Zieleinhaltung und der Zufriedenheit innerhalb des Teams.

4.1 Gestaltung des Umfeldes und der Teamaufgabe

Um Höchstleistung, und somit das Beste aus der Zusammenarbeit im Team herauszuholen, wird ein günstiges Umfeld benötigt. Es ist daher sehr wichtig zu wissen, welche Faktoren ein optimales Umfeld besitzt, um Teamarbeit stärken zu können bzw. festzustellen, in welcher Situation sich eine Zusammenarbeit nicht eignet. Zuerst sollten selbstverständlich gewisse Ressourcen vorhanden sein, um eine Teamarbeit gewährleisten zu können. Eine wichtige Ressource hierbei ist u. a. ausreichend Zeit. Um komplexe Aufgaben im Team lösen zu können, benötigen die Mitarbeiter eine ausreichend vorgegebene Zeit zur Bewältigung der Aufgabe, sowie muss den Mitarbeitern auch genügend freie Zeit gelassen werden, um zusammen arbeiten zu können. Hierauf sollte auch von Seiten der Vorgesetzen geachtet werden. Ebenso wichtig für eine gute Teamleistung sind aber auch Ressourcen, wie z. B. Finanzen, Räumlichkeiten, Infrastruktur und der uneingeschränkte Zugang zu benötigten Informationen. Teams sollten z. B. einen geeigneten ruhigen Rückzugsort, wie einen Tagungsraum besitzen, um ungestört an ihren Projekten arbeiten zu können. Problematisch kann es bei der Informationsfreiheit werden. Wenn sich Abteilungen ausspioniert oder hintergangen fühlen, kann sich eine Kooperation mit dieser Abteilung als schwierig gestalten. Grund dafür ist, dass in diesen Fällen nicht selten Informationen geheim gehalten und verzerrt werden.[19]

Genauso wichtig, wie ein geeignetes Umfeld, ist die richtige Gestaltung der Teamaufgabe. Nicht jede Aufgabe ist für eine Zusammenarbeit im Team geeignet, daher muss für eine leistungsfähige Teamarbeit auf die richtige Auswahl und Gestaltung geachtet werden. Man kann dabei mithilfe verschiedener Merkmale erkennen, ob

---

[19] vgl. Becker 2016, S. 25 ff.

die Aufgabe für eine Teamarbeit sinnvoll ist. Je komplexer, umfangreicher und zeitintensiver die Aufgabe ist, umso mehr ist sie für eine Zusammenarbeit geeignet. Die Aufgabe muss sich dazu auch sinnvoll unter verschiedenen Mitarbeitern aufteilen lassen, wobei sich Verantwortlichkeiten und Rollen klar abgrenzen lassen müssen. Wie schon vorher beschrieben, ist ein vorgefertigter Zeitplan für die Durchführung ebenfalls sehr wichtig. Das Team benötigt eine klare zeitliche Struktur, im Idealfall mit Zwischenzielen (Meilensteine) die erreicht werden sollen, um eine Planung und Selbstorganisation zu ermöglichen. Hat man sich für die Teamarbeit entschieden, ist es wichtig, die Aufgabe möglichst effizient und motivierend zu gestalten.[20]

Damit die vorgegebene Aufgabe optimal im Team bearbeitet werden kann, sollte sie klar und deutlich formuliert sein. Das Team muss in jedem Punkt wissen was es zu tun hat und welche Ziele erreicht werden sollen, um sich selbst organisieren zu können. Dabei muss ein ausreichender Handlungsspielraum für Eigenverantwortung gegeben sein und dieser auch von den Mitarbeitern wahrgenommen werden. Das Verantwortlichkeitsgefühl und die Motivation der Mitarbeiter steigen bei der Übertragung von verantwortungsvollen Aufgaben und Entscheidungen. Die richtige Mischung führt hier zu einer erfolgreicheren Teamarbeit. Für die Motivation der Mitarbeiter ist es ebenfalls wichtig, dass die Aufgabe einen psychologischen Sinn ergibt und die Tätigkeit ganzheitlich und abwechseln gestaltet ist. Die Wahrnehmung der Aufgabe als ganzen Prozess und nicht nur als möglichen uninteressanten Teilprozess, steigert das Gefühl der Verantwortung und der Wichtigkeit der Mitarbeiter innerhalb des Unternehmens. Mitarbeiter können schnell demotiviert werden, wenn sie auf längere Zeit keine sichtbaren Erfolge ihrer Arbeit sehen können. Deshalb ist es wichtig bei der Aufgabendurchführung zwischenzeitlich Feedback der Führungskraft zu erhalten bzw. auf die Erreichung von Zwischenzielen aufmerksam gemacht zu werden, damit die Mitarbeiter motiviert bleiben und somit die Potentiale voll ausgeschöpft werden können.[21] Nicht nur die Gestaltung des Umfeldes und der Arbeitsaufgabe stellen einen wichtigen Punkt für eine erfolgreiche Teamarbeit dar.

Ebenso wichtig ist die Gestaltung der richtigen Teamzusammensetzung, denn nicht alle Mitarbeiter haben die gleichen Ziele, Fähigkeiten oder Kompetenzen.

---

[20] vgl. Becker 2016, S. 30 ff.
[21] vgl. Becker 2016, S. 33 ff.

4.2 Gestaltung der Teamzusammensetzung

Bei einer effizienten Teamzusammensetzung kommt es auf verschiedene Faktoren an, die ausschlagegebend für den Erfolg der Teamarbeit sind.

Je nach Umfang, Komplexität und Zeitvorgabe muss eine ausreichende Größe des Teams festgelegt werden. Darüber hinaus sollte die Aufgabe und die Ziele vom Team klar verständlich formuliert werden und genügend Ressourcen zur Durchführung zur Verfügung stehen. Das Ziel der Teamzusammenstellung sollte es ein, ein Team zusammenzustellen, dessen Wissen und Fähigkeiten der Mitarbeiter optimal auf das Umfeld und die Teamaufgabe ausgerichtet sind.[22] Bei der Größe des Teams sollte darauf geachtet werden, dass es bei steigender Anzahl der Mitarbeiter zu zunehmenden Konflikten kommen kann. Ein großes Team kann das Verantwortungsbewusstsein der Mitarbeiter herunterschrauben, es kann zu Problemen in der Gruppendynamik kommen und der Zusammenhalt der Gruppe kann geschwächt werden.

Durch die Veränderungen in der Arbeitskultur, der Globalisierung und dem demografischen Wandel hat die Vielfalt in Teams immer mehr an Bedeutung gewonnen. Ohne Unterschiede innerhalb des Teams, wäre es für die Mitarbeiter nicht möglich Punkte aus verschieden Blickwinkeln wahr zu nehmen. Man spricht hier von einer sogenannten Diversität (Diversity). Faktoren zwischen denen hier unterschieden werden, sind nicht nur demografische Merkmale, sondern auch Fähigkeiten bzw. Kompetenzen und Persönlichkeitsmerkmale. Vor allem heterogene Teams, die aufgabenbezogen ausgewählt werden, führen durch verschiedene Kompetenzen und Wissen der Teammitglieder eher zu einem erfolgreichen Ergebnis. Die unterschiedlichen Stärken der Mitarbeiter können so durch die Zusammenarbeit optimal genutzt werden, zugleich können Schwächen kompensiert werden. Ebenso wie bei den fachlichen Punkten, können sich Teammitglieder aber auch anhand ihrer Persönlichkeitseigenschaften oder ihren unterschiedlichen Wertevorstellungen ergänzen. So können sich eine eher risikofreudigere Person und eine eher vorsichtigere Person gegenseitig ergänzen und sich gegebenenfalls einen neuen Blickpunkt verschaffen.[23] Es hat sich gezeigt, dass heterogene Teams, deren Teammitglieder unterschiedliches Wissen, Erfahrungen und Fähigkeiten besitzen, Probleme

---

[22]   vgl. Becker 2016, S. 45

[23]   vgl. Meves, Y. (2012): Emotionale Intelligenz als Schlüsselfaktor der Teamzusammensetzung, 1. Aufl., Wiesbaden: Springer Gabler, S. 18

differenzierter wahrnehmen können und entsprechende Lösungen effizienter entwickeln können als homogene Teams.[24] Neben den grundsätzlichen fachlichen Kompetenzen der Teammitglieder, sollte man auch die Teamkompetenzen der Mitarbeiter beachten, die über die reine Leistung hinausgehen. Wichtig sind hierbei u. a. die sogenannte T-Kompetenz, die ein Fachbereich übergreifendes Grundverständnis wiedergibt, sowie soziale und kommunikative Fähigkeiten. Vor allem mindestens ein Teammitglied sollte im besten Falle eine starke Ausprägung in einer kritischen Kompetenz, z. B. Intelligenz besitzen, um das Team eventuell in diesem Bereich führen bzw. unterstützen zu können.[25] Diese Kompetenzen sind essentiell, für eine gute und unkomplizierte Zusammenarbeit, für eine gute Kommunikation unter einander und um gemeinsame Konflikte zu lösen. Selbstmanagement und Eigenverantwortung spielen ebenso eine wichtige Rolle, um innerhalb des Teams selbständig planen, organisieren, teaminterne Probleme lösen und wichtige Entscheidungen treffen zu können.[26] Wie bereits erwähnt sind nicht nur demografische Merkmale und Kompetenzen ausschlaggebend für eine erfolgreiche Teamarbeit, sondern auch die unterschiedlichen Persönlichkeitsmerkmale der Teammitglieder. Zu beachten ist hier vor allem die Teamfähigkeit der Mitarbeiter.

Die Teamfähigkeit beschreibt die Fähigkeit mit anderen im Team erfolgreich an einer Lösung für ein Problem zu arbeiten und dabei untereinander kompetent zu kooperieren und kommunizieren zu können. Dabei sollten alle Teammitglieder sich gewissenhaft an der Arbeitsaufgabe beteiligen und eine gewisse emotionale Stabilität in schwierigen Situationen bzw. entstehenden Konflikten besitzen. Allerdings sollte auf Bezug der Diversity und den Persönlichkeitsmerkmalen darauf geachtet werden, dass eine zu große unterschiedliche Anzahl an verschiedenen Persönlichkeitsmerkmalen innerhalb eines Teams zu möglichen Konflikten führen kann. So können u. a. unterschiedliche Ausprägungen in den Merkmalen Gewissenhaftigkeit oder Offenheit zu Problemen führen und eventuell die allgemeine Teamleistung verringern. [27]

---

[24] vgl. Keuper, F.; Groten, H. (Hrsg.) (2007): Nachhaltiges Change Management, 1. Aufl., Wiesbaden: Gabler, S. 326

[25] vgl. Becker 2016, S. 58

[26] vgl. Becker 2016, S. 57

[27] vgl. Becker 2016, S. 59 ff.

Man kann also sagen, dass bei der richtigen Teamzusammenstellung neben dem Umfeld und der geeigneten Größenauswahl, die Diversity bei der Auswahl der Teammitglieder ebenso eine wichtige Rolle spielt. Es macht wenig Sinn die Mitglieder nur einzeln isoliert zu betrachten, vielmehr sollten die Mitglieder als Gesamtheit betrachtet werden. So kann ein Team aufgestellt werden, deren Mitglieder sich in vielerlei Punkte ergänzen und sich gegenseitig zu Höchstleistungen antreiben.

Das nächste Kapitel soll die Rolle der Führungskraft in einer erfolgreichen Teamarbeit genauer beleuchten. Die Steuerung eines Teams ist wichtig, um ein motivierendes Arbeitsumfeld zu schaffen und bei der Entwicklung von Kompetenzen und Fähigkeiten behilflich zu sein.

4.3 Gestaltung der Teamsteuerung

Die Teamsteuerung ist ein weiterer wichtiger Faktor für eine erfolgreiche Teamarbeit. Die Führungskraft bzw. ein Coach können bei einer richtigen Steuerung des Teams die Effizienz erhöhen und Interessen der Teammitglieder pflegen. Dabei geht es weniger darum aktiv in den Prozess der Teamarbeit einzugreifen, sondern vielmehr darum das Team in wichtigen Punkten, wie z. B. der Kommunikation und der benötigen Ressourcen zu unterstützen. Die Führungskraft sollte gewisse Rahmenbedingungen vorgeben, damit das Team selbständig Ziele erarbeiten kann und die Selbstorganisation gestärkt wird.

Durch eine klar formulierte Aufgabe und vorgegebenen Rahmenbedingungen kann das Team Eigenverantwortung und Selbstorganisation entwickeln. Die Führung hilft aber auch bei dem langfristigen Zusammenhalt des Teams. In diesem Zusammenhang kann eine richtige Führung u. a. unterstützend wirken bei der Teamzugehörigkeit, dem Wettbewerb, der Motivation durch erreichte Erfolge und der Kommunikation.[28]

Die Rolle der Führung ist es nicht, die Autonomie eines Teams zu unterbinden, sondern diese zu stärken. Durch eine hohe Selbstbestimmung innerhalb des Teams steigt das Bewusstsein für Eigenverantwortung und Selbstorganisation. Die Führung sollte Feedback geben, Ziele klar aufzeigen, das Konfliktmanagement stärken und eine reibungslose Kommunikation ermöglichen. Bei der Teamsteuerung geht es also um eine Bereitstellung von gewissen Rahmenbedingungen und das

---

[28] vgl. Becker 2016, S. 83

Ermöglichen von Hilfestellungen, ohne aber aktiv in den Teamprozess bzw. der Leistungserbringung einzugreifen.[29]

Ein Team, dass selbstständig orientiert arbeitet und einen freien Handlungsspielraum bei der Zielentwicklung und der Organisation besitzt, bedarf einer guten und strukturierte Führung. Damit ein Team Höchstleistungen erzielen kann, muss die Führung bei der Kommunikation, Kooperation und dem Teamzusammenhalt unterstützend wirken. So kann sichergestellt werden, dass die erbrachten Leistungen des Teams mit der Leistungserwartung des Unternehmens übereinstimmen.

4.4 Zwischenfazit

Aus den vorherigen Kapiteln wurde deutlich, dass der Begriff der Selbstorganisation und die klassische Teamarbeit sich gut für eine effiziente Leistung mit einander verbinden lassen. Vor allem in der stetigen Veränderung der Arbeitskultur, der wachsenden Globalisierung und der sich wandelnden Rolle von Führungskraft und Mitarbeitern, bringt die selbstorganisierte Teamarbeit zahlreiche Vorteile mit sich. Auf der anderen Seite birgt dieses Modell aber auch Nachteile und Herausforderungen. Diese können sich z B. in der erschwerten Kommunikation, Planung bzw. Organisation, sowie möglichen Konflikten innerhalb der Teams äußern. Viele Führungskräfte sehen die selbstorganisierende Teamarbeit immer noch eher kritisch, da sie den Verlust von Kontrolle und Führung fürchten.

In diesem Zusammenhang werden in den nachfolgenden Kapiteln die Vorteile und Nachteile der selbstorganisierten Teamarbeit genauer betrachtet. Ebenso werden Maßnahmen und Lösungen für mögliche entstehende Konflikte aufgezeigt, die durch die Selbstorganisation und die hohe Eigenverantwortung auftreten können.

Selbst bei einem Team, dass hohe Selbstorganisation und Eigenverantwortung besitzt spielt die Führung, durch die Schaffung von Rahmenbedingungen und Handlungsspielräumen eine wichtige Rolle. So kann durch eine gute Teamführung, den möglichen Nachteilen selbstorganisierten Teams entgegengewirkt werden.

Im folgenden Kapitel *Selbstorganisierte Teamarbeit* soll das System dieser Teamarbeit genauer betrachtet werden und die wachsende Bedeutung von Agilität, sowie der damit verbundenen neuen Denkweise in der Führungsebene erläutert werden.

---

[29] vgl. Niermeyer, R. (2016): Teams führen, 2 Aufl., Freiburg: Haufe, S. 67 ff.

5 Selbstorganisierte Teamarbeit

Dieses Kapitel soll das Modell der selbstorganisierten Teamarbeit näherbringen. Für den Anfang sollen Veränderungen in den Strukturen und Denkweisen der Organisationen aufgezeigt werden, die den Sinn von selbstorganisierten Teams begründen sollen. Anhand der Autoritätsmatrix von J. Richard Hackmann sollen die verschiedenen Strukturen selbstorganisierter Teams aufgezeigt werden. Mit Hilfe diesem Modell lassen sich vier Strukturen genauer betrachten. Für das bessere Verständnis von selbstorganisierten Teams in Bezug auf soziale Systeme sollte auch die Systemtheorie genauer betrachtet werden. Dabei werden die wichtigsten Merkmale aufgezeigt und somit die zentralen Eigenschaften selbstorganisierter Teams betrachtet. Durch die Betrachtung der Autoritätsmatrix, der Systemtheorie, sowie den Voraussetzungen von selbstorganisierter Teamarbeit lassen sich die unterschiedlichen Merkmale dieser Teams ableiten. Der Abschluss dieses Kapitels befasst sich mit den verschiedenen Kompetenzen eines selbstorganisierten Teams.

5.1 Agile Denkweise in den Organisationen

Durch den rasanten Anstieg des Weltmarktes, der Globalisierung und dem technischen Fortschritt, sind Organisationen gezwungen, sich anzupassen. Sie müssen auf etwaige Veränderungen, wie u. a. politische, demografische, wissenschaftliche und soziale Veränderungen schnellstmöglich reagieren können und ihre organisatorischen Strukturen dementsprechend anpassen. Die Unternehmen sind darauf angewiesen vorhandene Chancen zu nutzen und auf Wettbewerbsvorteile schnell einzugehen.[30] Aus diesem Grund gewinnt der Trend innerhalb der Organisationen von einer klassischen starren Denkweise zu einer agilen Denkweise in den letzten Jahren immer mehr an Bedeutung. Der Begriff Agilität beschreibt hier die vorhandene Möglichkeit, sich auf Veränderungen in vielen verschiedenen Bereichen einzustellen. Daher kann eine agile Denkweise als Gegenpol zu den klassischen bürokratischen Organisationen angesehen werden, mit ihren langen Entscheidungswegen, ihrer erdrückenden Bürokratie und Kontrollsystemen. Die Agilität kann dabei verschiedene Bereiche betreffen, wie der Leistungserbringung, den Kundenbereich und dem Arbeiten in Teams. Für eine agile Denkweise ist das agile Arbeiten in Teams essentiell, um auf Veränderungen reagieren zu können. So können durch die Zusammenführung von Wissen und Kompetenzen in Teams bessere Ergebnisse

---

[30] vgl. Kaltenecker 2018, S. 9

erzielt werden. Daher sollten die Organisationen, anstatt einer Form der reinen Leistungserbringung, als komplexes soziales System angesehen werden, indem die Kommunikation gestärkt und die Selbstorganisation gefördert werden sollte. Die langfristige Kundenbindung und eine hohe qualitative Leistungserbringung stehen hier im Fokus. Dafür werden die Arbeitsabläufe verbessert, der technische Fortschritt begleitet und die Nähe zu den Kunden verstärkt. Das frühere mechanische Denken musste dem heutigen systemischen Denken weitestgehend weichen. Wichtige Merkmale dieses systemischen Denkens sind nun u. a. komplexe Beziehungsnetze unter den Mitarbeitern, schlanke Netzwerke und dezentrale Prozesse der Selbstorganisation. Diese Merkmale können dabei helfen die Agilität zu erhöhen, da sie sich dadurch auszeichnen, sich auf umweltbedingte Veränderungen einstellen zu können und kooperativ Verbessrungen bzw. Lösungen erarbeiten zu können.[31] [32]

Nachfolgend geht es um die Entwicklungen und Strukturen selbstorganisatorischer Teams, den Bezug zum systemischen Denken und welche Vorrausetzungen für die Selbstorganisation notwendig sind.

5.2 Autoritätsmatrix nach Hackman

In diesem Kapitel soll die Entwicklung des Prozesses der Selbstorganisation betrachtet werden und der Verantwortungsgrad des Managements bzw. den Teammitgliedern in den verschiedenen Varianten von Teams dargestellt werden. Für einen guten Überblick dieses Themas eignet sich vor allem die Autoritätsmatrix von J. Richard Hackman. Sie hilft dabei, die Entwicklung der Selbstorganisation genauer zu verstehen. Das Modell zeigt verschiedene Führungsebenen, die sich aus den Kernfunktionen: Zielfestlegung, Teamstruktur und Organisation, Prozessmanagement bzw. Ablauforganisation und der allgemeinen Aufgabenbewältigung. Die Verantwortung in diesen einzelnen Funktionsbereichen übernimmt entweder das Management oder das Team.

Daraus ergeben sich vier verschiedene Teamvarianten, die sich in den jeweiligen Freiheitsgeraden des Teams unterscheiden. In den managergeführten Teams gibt das Management alle Rahmenbedingungen, Strukturen, Prozesse und organisatorische Abläufe des Teams vor. Das Team selbst, ist allein für die Durchführung der

---

[31] vgl. Rosenberger 2018, S. 17 ff.
[32] vgl. Kaltenecker 2018, S. 12 ff.

Arbeitsaufgabe zuständig. Selbstgesteuerte Teams hingegen sind neben der reinen Arbeitsdurchführung, auch für das Design und Steuerung der Arbeitsprozesse zuständig. In sich selbstgestaltenden Teams, hat das Team die Verantwortung über die Rahmenbedingungen, der Zielsetzung, aller Prozesse und organisatorischen Abläufe. In den meisten Fällen sind sie auch für die Teamzusammensetzung verantwortlich. Die meiste Zahl an Freiheitsgeraden haben selbständige Teams, die völlig autonom über alle Bereiche hinweg verantwortlich sind.[33]

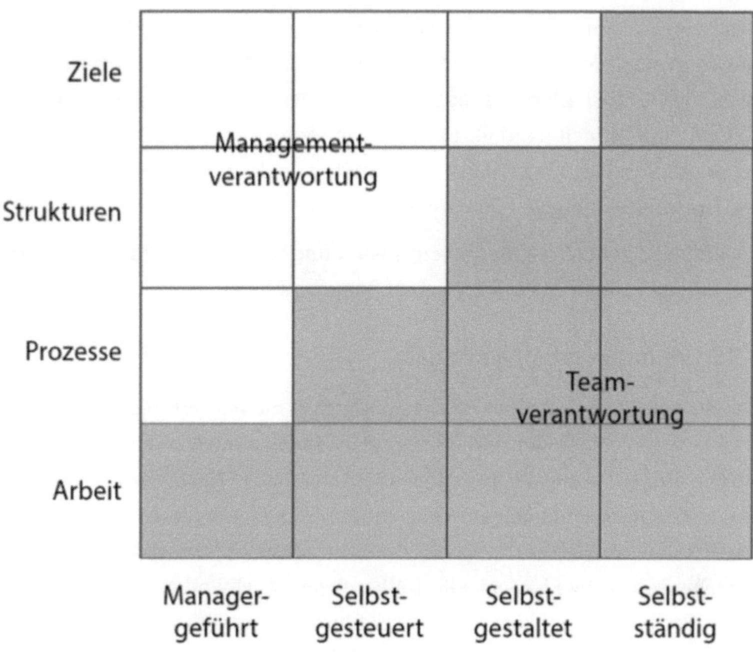

Abbildung 1: Autoritätsmatrix nach J. Richard Hackman[34]

Aus der Matrix in Abbildung 1 lassen sich die Wechselspiele zwischen der Managementverantwortung und der Teamverantwortung herauskristallisieren. Es soll aufzeigen, welche Möglichkeiten die Teammitglieder haben, sich in den Prozess mit einzubinden und welche Rolle die Führung bei der Selbstorganisation spielt. Selbstorganisierte Teams benötigen klare Rahmenbedingungen, sowie die Freiheit

---

[33] vgl. Kaltenecker, S. (2017): Selbstorganisierte Unternehmen, 1 Aufl., Heidelberg: dpunkt.verlag, S. 29 ff.

[34] Kaltenecker 2017, S. 30

sich selbst organisieren zu könne. Für die Entwicklung der Teams ist es wichtig, dass sie Kontrolle über ihre Arbeitsprozesse haben. Das gelingt durch eine entsprechende gute Führung bzw. Coaching der Teams. Je nach Verhältnis von Fremd- und Selbststeuerung kann sich die Qualität der Leistungen und die Motivation der Teams verändern. Die Verantwortung bei der Mitgestaltung des gesamten Prozesses bei selbstorganisierten Teams führt zu einem hohen Verantwortungsbewusstsein jedes Teammitgliedes bei der Erreichung der vorgegebenen Ziele. Dieses Bewusstsein muss sich allerdings individuell entwickeln. Jedes Teammitglied muss sich bewusst sein, welche Rolle es im gesamten Prozess besitzt und welchen Grad an Eigenverantwortung diese mit sich bringt. Bei der Betrachtung der Matrix aus Abbildung 1 muss allerdings angemerkt werden, dass es sich hierbei nicht um ein einheitliches Modell handelt. Es lässt sich in der Praxis nicht pauschal festlegen, wann welcher Führungsstil am geeignetsten ist. Dies kann je nach Eigenschaften und Umweltbedingungen der Organisation anders aussehen.[35]

Nachfolgend geht es um die Systemtheorie und welche Rolle Teams als soziale Systeme in Anbetracht des systemischen Denkens spielen.

5.3 Systemtheoretischer Ansatz

Der systemtheoretische Ansatz beschäftigt sich mit der interdisziplinären Betrachtung von verschiedenen und komplexen Gegebenheiten in einem ganzheitlichen System. Der Ursprung des Begriffes findet sich in den Naturwissenschaften wieder und wurde nach und nach auf viele andere Bereiche, so auch der Betriebswissenschaft und deren Betrachtung von organisationalen Systemen übertragen. In einem sogenannten System hängen alle Teilbereiche mit einander zusammen und schon kleine Veränderungen können einen Einfluss auf das gesamte System haben.[36] Ziel der Systemtheorie ist es, die soziale Wirklichkeit als Ganzes besser verstehen zu können. Der Schwerpunkt liegt hier vor allem auf dem Verständnis der Menschen als soziales System und nicht nur auf einer Vernetzung von Organisationen, Teams etc. Bei sozialen Systemen werden nicht nur bestimmte Systemteile betrachtet, sondern das ganze System als großes Ganze, mit allen Interaktionen innerhalb des Systems und der Umwelt. Mit Hilfe des systemischen Denkens, lässt sich daher das

---

[35] vgl. Kaltenecker 2017, S. 31 ff.

[36] vgl. von Ameln, F.; Willemse, J. (2018): Theorie und Praxis des systemischen Ansatzes, 1. Aufl., Berlin: Springer, S. 11 ff.

Verhalten von Menschen in sozialen Systemen genauer betrachten.[37] Die Systemtheorie hilft den Organisationen dabei sich flexibler aufzustellen und sich an immer schnellere Umweltbedingungen anpassen zu können. Sie kann dabei in vielen verschiedenen Bereichen angewandt werden. Durch die vielseitige Betrachtung von organisationalen Systemen, kann auch die Selbstorganisation in Bezug auf dem systemischen Denken besser analysiert werden und in Organisationen entwickelt werden. Selbstorganisation dient der Erhöhung der Agilität, von Prozessen, Arbeitsgestaltungen und der Führung und kann als systemische Veränderungen angesehen werden.

Wenn man von Systemen spricht, spricht man von mehreren Teilelementen, unter denen untereinander eine Wechselwirkung besteht und die einem großen System mit ihrer Umwelt verbunden sind. Dabei sind alle Subsysteme zirkulär und rückwirkend miteinander verflochten. Die Selbstorganisation bezeichnet die Fähigkeit eines Systems, sich von innen heraus selbst zu gestalten und zu organisieren, ohne dabei Einflüsse von außen aufzunehmen. Das System kann sich dabei aus bereits vorhandenen Erfahrungen, aus vorangegangen Subsystemen und seiner Umwelt verändern und weiterentwickeln. Dabei ist die Selbstorganisation ein offenes System, welches Zielvorgaben, Ressourcen, sowie Regelungen von außen beinhaltet.[38]

Bei einem selbstorganisierten Team handelt es sich also um ein soziales System, dass aus mehreren mit einander vernetzten Mitgliedern besteht, die zusammen, mit Hilfe einem hohen Maß an verschiedenen Fähigkeiten und Kompetenzen an einer Lösung arbeiten. Benötigte Informationen und Ressourcen bekommen sie dabei durch Interaktionen mit ihrer Umwelt.

Anschließend geht es um die Voraussetzungen, die notwendig sind, um Selbstorganisation in den Teams zu entwickeln bzw. zu fördern.

5.4 Voraussetzungen von selbstorganisierter Teamarbeit

Um das System der selbstorganisatorischen Teamarbeit in ihrem vollen Umfang analysieren zu können, sollte zunächst geklärt werden, welche Voraussetzungen gegeben sein müssen, um Selbstorganisation in Teams zu entwickeln bzw. zu stärken. Um dies zu veranschaulichen, entwickelte Glenda H.Eoyang das sogenannte

---

[37] vgl. Achouri 2018, S. 220 ff.

[38] vgl. Hepp, V. (o.J.): Selbstorganisation. URL: https://www.systemstellen.org/wiki/systemaufstellung/selbstorganisation/ (abgerufen am 05.11.2019)

C/D/E Modell, dass aus drei wesentlichen Bedingungen für die Entstehung von Selbstorganisation in Teams besteht: containing boundary, differences und exchange. Selbstorganisierte Teams benötigen eine klare Trennlinie, die eine Grenze aufzeigt, zwischen den Menschen im System und deren Umwelt (containing boundary). Ein „Selbst" Gefühl in diesem System kann sich nur einstellen, wenn genau geklärt ist, was es von den „Anderen" abgrenzt. Diese Grenze kann durch festgelegte Zielvorgaben, Regelungen und Normen in den Teams gezogen werden. Darüber hinaus bedarf es in den Teams Unterschiede zwischen den Mitgliedern, in Bezug auf Wissen, Kompetenzen, sozialen Fähigkeiten oder demografischen Merkmalen (differences). Leistungsstarke Teams nutzen diese Unterschiede für soziale Dialoge untereinander und der Möglichkeit Stärken zu bündeln, sowie Schwächen zu minimieren. Die dritte Bedingung ist ein stetiger direkter Austausch der Teammitglieder untereinander, sowie aber auch ein Austausch mit Beteiligten der Umwelt, die die Interaktionen des Teams beeinflussen (exchange). So wird eine stetige Entwicklung gefördert.[39]

Kaltenecker erweitert dieses Modell um weitere Subsysteme der Umwelt, die maßgeblich zum Wachstum von Selbstorganisation beitragen können. Damit das Team selbständig organisieren und planen kann, benötigt es ausreichend Informationen und Entscheidungsregelungen von außen. Zudem braucht das Team eine geeignete Infrastruktur. Das bedeutet es müssen Arbeitsplätze, wie z. B. Tagungsräume vorhanden, sowie aber auch Ressourcen gestellt werden, wie Geld und erforderliche Technik. Regelmäßige Koordination und Feedback helfen dabei, mögliche Unklarheiten zu beseitigen und die Zielvorgaben so effizient wie möglich erfüllen zu können. Um benötigtes Wissen und Fähigkeiten, die für den Leistungsprozess wichtig sind zu erwerben, benötigt es zudem eine gute Aus- und Weiterbildung. Diese Bildung kann z. B. durch fachliche Trainings, Seminare und der Ausbildung sozialer Fähigkeiten vermittelt werden. Ein weiteres wichtiges Element ist die Belohnung und Anerkennung des Teams. Dies kann durch Lob der Führungskraft für besondere Erfolge, spezieller Vergütung oder eine besondere Anerkennung in der Öffentlichkeit erfolgen.[40] [41]

---

[39] vgl. Kaltenecker 2018, S. 6

[40] vgl. Kaltenecker 2018, S. 7 ff.

[41] vgl. Karlinger, G. (2015): Selbstorganisierte Teams mit dem CDE-Modell führen. URL: https://transferio.at/agile-coach/selbstorganisierte-teams-mit-dem-cde-modell-fuehren/ (abgerufen am 05.11.2019)

Betrachtet man diese Aspekte, lässt sich feststellen, dass selbstorganisierte Teamarbeit nur funktionieren kann, wenn ein gewisser unterstützender Rahmen vorhanden ist. Dieser Rahmen umfasst u.a. Informationen, Regelungen, Feedback und Ressourcen, die benötigt werden, damit Selbstorganisation in den Teams möglich ist und sich weiter entwickeln kann. Die Schaffung dieses Rahmen ist eine wesentliche Aufgabe der Führungskraft. Darüber hinaus muss dem Team die Freiheit gewährt werden, eigene Regeln, Strukturen, sowie Anpassungen autonom innerhalb des Teams vornehmen zu können. Das verdeutlicht, dass selbst selbstorganisierte Teams ebenso auf eine gewisse Art und Umfang von Führung angewiesen sind.

Im nächsten Kapitel sollen die typischen Merkmale selbstorganisierter Teams betrachtet werden, um im Anschluss in Kapitel 6 *Vorteile der selbstorganisierten Teamarbeit,* den Mehrwert dieser Teams ableiten zu können.

5.5 Merkmale selbstorganisierter Teams

Um den Begriff der selbstorganisierten Teamarbeit genauer zu definieren, werden in diesem Kapitel die wichtigsten Merkmale selbstorganisierter Teams betrachtet. Die Merkmale von managementgeführten Teams werden hier mit den Merkmalen der Selbstorganisation zusammengebracht.

5.5.1 Lernbereitschaft und Weiterentwicklung

Die Implementierung von Selbstorganisation ist ein laufender Prozess und kann nicht von heute auf morgen geschaffen werden. Dieser Prozess benötigt Zeit und die Bereitschaft sich für Veränderungen zu öffnen und Prozesse neu zu gestalten. Das bedeutet, dass sich selbstorganisierte Teams stetig weiterentwickeln müssen und sich an Veränderungen ihrer Umwelt, wie z. B. der sich stetigen Veränderung der Kundenbedürfnisse anpassen müssen. Die Bereitschaft zur Veränderung muss im Team fest verankert sein. Diese Bereitschaft kann aber nur von den Teammitgliedern verstanden und akzeptiert werden, wenn die Motivation für stetiges Lernen und Verbesserung der Leistungen vorhanden sind. Selbstorganisierte Teams weisen in diesem Punkt die Merkmale der schnellen Reaktionszeit, der Anpassungsfähigkeit und der Lernbereitschaft auf. Diese Punkte können von der Führungskraft u. a. durch die Erhöhung der Motivation durch Belohnungen, Festlegung klarer Ziele und einem Zeitrahmen, sowie speziellen Teamtrainings, in denen die agile Denkweise gestärkt wird, unterstützt werden.[42] Aufgrund dieser Merkmale, weisen selbstorganisierte Teams eine starke Anpassungsfähigkeit an ihre Umwelt auf und erhöhen damit die agile Denkweise innerhalb des Unternehmens.

5.5.2 Ausgeprägte Kommunikation

Für die effiziente Leistungserbringung und die Weiterentwicklung des Teams, ist eine offene und ausgeprägte Kommunikation innerhalb des Teams und der vorhandenen Umwelt unerlässlich. Durch diesen Austausch können Entwicklungen angetrieben werden und Probleme bzw. Konflikte innerhalb des Teams gelöst werden. Anpassungsfähigkeit und Weiterentwicklung des Teams sind wichtig, um sich an stetige Veränderungen der Umwelt anpassen zu können. Daher wird selbstorganisatorischen Teams eine ausgeprägte und stetige Kommunikation zugeschrieben, die ihre Selbstorganisation hervorhebt. Solche geführten Diskussionen und Dialoge innerhalb dieser Teams führen zu Meinungsaustausch, Verbesserungen und dem Bewältigen von Konflikten zwischen den Teammitgliedern. Dafür sollte jedes Teammitglied eine gewisse kommunikative und soziale Kompetenz mitbringen und offen für Dialoge sein. Diese Kompetenzen umfassen auch die Diskussionsfähigkeit, die Fähigkeit zur Selbsteinschätzung und die Fähigkeit andere Meinungen zu akzeptieren und sich eventuell Fehler einzugestehen. Selbstorganisatorische Teams haben eben diese ausgeprägte Kommunikationskompetenz und sind daher auch zu selbstorganisatorischen Konfliktlösungen und Meinungsaustausch fähig.[43]

5.5.3 Heterogenität

Selbstorganisatorische Teams weisen eine Vielzahl von Unterschieden, in Bezug auf demografische Merkmale, Wissen, Fähigkeiten und Persönlichkeitsmerkmalen auf. Diese Unterschiede werden in den Teams genutzt, um unterschiedliches Wissen auszutauschen und Schwächen zu minimieren und somit die Effizienz der Leistungen zu erhöhen. Dafür müssen innerhalb dieser Teams ein gewisses Grundvertrauen, Respekt, Akzeptanz und soziale Kompetenz vorhanden sein, um die vorhandenen Unterschiede produktiv nutzen zu können. Das bedeutet allerdings nicht, dass nur Unterschiede zählen, genauso wichtig sind ebenso Gemeinsamkeiten. Selbstorganisatorische Teams besitzen eine gewisse Balance zwischen Gemeinsamkeiten und Unterschiede. So können sie alle verschiedenen Fähigkeiten

---

[42] vgl. Kaltenecker 2018, S. 15 ff.

[43] vgl. Gloger, B.; Rösner, D. 2018, S. 46 ff.

und Kompetenzen optimal zusammen nutzen und das größte Potential aus der Teamarbeit erlangen. Damit dies zum Erfolg führt, sollte das Ziel und dessen Bedeutung jedem Teammitglied unmissverständlich klar sein. Teilaufgaben und deren Ziele können je nach Aufteilung des Teams variieren, führen allerdings alle zu ein und demselben Gesamtziel. Daher ist die Gestaltung der Teamzusammensetzung ein wichtiger Faktor, der nicht leichtsinnig entschieden werden sollte. Sind die Unterschiede zu vielseitig, kann dies Auswirkungen auf die Teamzusammenarbeit und die Motivation haben und gegebenenfalls zu Konflikten führen. Nur Teams, die wirklich gut ausbalanciert sind, können ihre Unterschiede effizient nutzen und somit produktiv an Lösungen, Konflikte und Probleme arbeiten.[44] [45]

5.5.4 Stetiges Feedback

Ein weiteres Merkmal von selbstorganisatorischer Teamarbeit ist eine besondere und ausgeprägte Feedbackkultur. Diese ist für die Verbesserung von Arbeitsabläufen und der Weiterentwicklung des Teams sehr wichtig. Da die Führungskraft u. a. nicht direkt in das Geschehen eingreifen kann, kann sie aber durch stetiges Feedback einen gewissen Rahmen schaffen und die Effizienz der Arbeitsabläufe beeinflussen. Dieses Feedback sollte auf dem kürzesten Weg erfolgen. Durch Feedback nach durchgeführten Arbeitsabläufen, können Arbeitsteile angepasst werden und gegebenenfalls neu geplant und organisiert werden. Das Feedback sollte daher verständliche fachliche Gebiete umfassen und mögliche Fehler bzw. Probleme innerhalb der Abläufe aufzeigen. Nur so kann das Team sich stetig weiterentwickeln und sich auf Veränderungen ihrer Umwelt einstellen und sich zu einem Höchstleistungsteam entwickeln. Feedback kann dabei von den Kunden selbst, direkten Kollegen oder der Führungskraft erhalten werden.[46] [47]

5.5.5 Dezentralisierte Kontrolle

Eine dezentralisierte Kontrolle stellt ein weiteres Merkmal von selbstorganisatorischen Teams dar. Die gesamte Kontrolle wird nicht einer einzigen Stelle zugeordnet, vielmehr sollte jedes Teammitglied seine eigene Kontrolle und damit auch Handlungsmöglichkeit besitzen. Diese Verteilung der Kontrolle ist ausschlag-

---

[44]   vgl. Gloger; Rösner 2018, S. 47 ff.
[45]   vgl. Achouri 2013, S. 224
[46]   vgl. Kaltenecker 2018, S. 12 ff.
[47]   vgl. Achouri 2013, S. 249 ff.

gebend für eine gute Teamleistung. Jedes Teammitglied sollte die eigene Kontrolle über seinen Tätigkeitsablauf haben und die Kontrolle für andere Abläufe den jeweils Zuständigen überlassen, denn Probleme lassen sich am besten an der Position lösen, an der sie entstanden sind. Die Freiheit diese Kontrollen selbständig zu verteilen und durchzuführen zeichnet ein selbstorganisatorisches Team aus. Wie bereits erwähnt, bedeutet dies jedoch nicht, dass eine gewisse Führung nicht mehr benötigt wird, sondern vielmehr, dass die Führungskraft einen gewissen Teil der Autonomie abgibt, um die Selbstorganisation innerhalb des Teams zu ermöglichen. Selbstorganisation kann nur funktionieren, wenn die Mitarbeiter die Kontrolle über ihre eigenen Arbeitsabläufe haben und Entscheidungen in diesem Bereich selbständig vornehmen können. So werden das Verantwortungsgefühl und das Bewusstsein der eigenen Bedeutung innerhalb des gesamten Prozesses gestärkt.[48]

5.5.6 Komplexität

Selbstorganisatorische Teams weisen eine hohe Komplexität bei den einzelnen Arbeitsabläufen und innerhalb ihrer Struktur auf. Je höher die Anzahl der Unterschiede in Bezug auf demografische Merkmale, Wissen und Kompetenzen innerhalb des Teams sind, umso komplexer gestaltet sich dieses System. Durch diese verschiedenen Faktoren sind alle Arbeitsabläufe und Prozesse innerhalb des Teams miteinander verbunden. Jeder einzelne Aufgabenteil hängt irgendwie zusammen und ist voneinander abhängig. Das erfordert ein hohes Maß an Anpassungsfähigkeit und einer gegenseitigen Abstimmung der Teammitglieder. Das kann schnell zu Konflikten oder Überforderung führen, da jedes Mitglied eine andere Arbeitseinstellung hat, andere Ansichten hat und eine andere Zeit für die Aufgabenbearbeitung benötigt. Durch die Selbstorganisation können die Kollegen durch eine eigenständige Planung und Organisation der Arbeitsabläufe, sich gegenseitig unterstützen und diesen Problemen entgegenwirken.[49] Das Thema Komplexität und dessen mögliche Nachteile wird im Kapitel 7 *Nachteile der selbstorganisierten Teamarbeit* genauer analysiert.

---

[48] vgl. Kaltenecker 2018, S. 13
[49] vgl. Gloger; Rösner 2018, S. 48

5.5.7 Selbstreferenz

Das Merkmal der Selbstreferenz in selbstorganisatorischen Teams bedeutet, dass sich diese Teams bewusst über ihr Handeln und ihre Verantwortung innerhalb des gesamten Prozesses sind. Sie sind sich bewusst darüber, dass sich ihr Verhalten und Handeln immer auf den Prozess zurückwirken und neues Verhalten hervorbringt. Die Mitarbeiter in den Teams handeln dabei stets eigenverantwortlich und selbständig. Dazu gehört auch eine gute Selbsteinschätzung der eigenen Fähigkeiten und Leistungen, um seine Stärken und Schwächen analysieren zu können. Diese Auseinandersetzung ermöglicht eine stetige Lernbereitschaft und eine Weiterentwicklung der eigenen Fähigkeiten. Die Selbstreferenz schließt dabei aber eine Offenheit nach außen nicht aus. Eine gewisse Öffnung des Systems nach außen erhöht das Identitätsempfinden und die Autonomie.[50] [51]

5.5.8 Redundanz

In selbstorganisatorischen Teams gibt es keine strikte Teilung von Arbeitsschritten. Es wird also prinzipiell nicht zwischen Teammitgliedern, die organisieren, gestalten oder lenken unterschieden. Jedes Teammitglied trägt also bei der Gestaltung des Systems sein Teil dazu bei. Je nach Rolle bzw. Stelle im Team variiert der Umfang und die Intensität der Gestaltung. Durch diese Redundanz wird die Eigenverantwortung und die Selbstorganisation der Teammitglieder erhöht und die Zielvorgaben können optimal im Team erfüllt werden.[52]

5.5.9 Erhöhte Autonomie

Ein weiteres Merkmal ist der hohe Grad an Autonomie in selbstorganisatorischen Teams. Diese Teams sind autonom, wenn die Mitglieder des Teams Strukturen eigenhändig vornehmen und selbständig innerhalb des Systems interagieren. Diese Autonomie bezieht sich allerdings aber nur auf bestimmte Punkte, da ein Austausch von Ressourcen und Informationen mit der organisationalen Umwelt unabdingbar ist. Selbstorganisierte Teams sind eigenständig verantwortlich für die Rollenverteilungen, Regelungen und Strukturen innerhalb des Teams. Es kann versucht werden, sie von außen zu beeinflussen, allerdings kann man sie nicht direkt führen. Nur durch diese hohe Autonomie, ist es den Teams möglich, komplexe

---

[50] vgl. Gloger; Rösner 2018, S. 49

[51] vgl. Achouri 2013, S. 222

[52] vgl. Gloger; Rösner 2018, S. 49

Aufgaben zu lösen. Für die Führungskräfte ist dieses Zugeständnis der hohen Autonomie immer noch eine Überwindung, da sie dabei einen gewissen Teil von Kontrolle verlieren. Doch für hohe Leistungen durch selbstorganisatorische Teams, ist die Autonomie Voraussetzung.[53]

5.6 Kompetenzen selbstorganisierter Teams

Selbstorganisierte Teams weisen eine Vielzahl von verschiedenen Kompetenzen auf, die sie so besonders machen. In diesem Kapitel sollen ein paar dieser speziellen Kompetenzen genauer untersucht werden. Dieses Kompetenzprofil zeigt, warum die selbstorganisatorische Teamarbeit ein so effektives System ist und es dient als Grundlage für die Analyse der Vorteile im nächsten Kapitel. Ein solches Team kann weitaus noch mehr individuelle Kompetenzen besitzen. Ich gehe allerdings in diesem Kapitel nur auf die wichtigsten Kompetenzen ein.

5.6.1 Kommunikationskompetenz

Wie bereits festgestellt, weisen selbstorganisatorische Teams eine hohe Komplexität auf. Diese Komplexität erfordert einen ausgeprägten kooperativen und kommunikativen Austausch der Teammitglieder. Vor allem soziale Kompetenzen sind wichtig, um zusammen arbeiten zu können. Darunter zählen u. a. die Offenheit zum Austausch untereinander und das Führen von Dialogen und Diskussionen. Eine gute Selbsteinschätzung des jeweiligen Teammitgliedes und die Fähigkeit seine eigenen Fehler reflektieren zu können, sind ebenfalls wichtige Faktoren für eine gute Kooperation. Nur so kann sich das Team weiterentwickeln und mögliche entstehende Konflikte aus dem Weg schaffen. Für eine effiziente Produktivität innerhalb des Teams und die Erreichung der Zielvorgaben, besitzen selbstorganisatorische Teams daher eine ausgeprägte kooperative und kommunikative Kompetenz.

5.6.2 Teamkompetenz

Um Herausforderungen gemeinsam im Team bewältigen zu können und auf Veränderungen der Umwelt schnell und gezielt eingehen zu können, benötigt es eine gute und ausgeprägte Teamarbeit. Selbstorganisierte Teams, besitzen daher eine gut Teamkompetenz und es wird ihnen eine permanente Lernbereitschaft und gute soziale Kompetenzen zugeschrieben. Für eine effiziente Teamleistung reicht es nicht nur aus, gutes fachliches Wissen zu besitzen, sondern es müssen auch

---

[53]   vgl. Gloger; Rösner 2018, S. 50

grundsätzliche Regeln für das Arbeiten in Teams befolgt werden. Durch die Selbstorganisation können diese Teams die Werte und Regeln, die sie für eine gemeinsame Teamarbeit als wichtig empfinden, selbst gestalten. Das erhöht die Motivation innerhalb des Teams und stärkt das gemeinschaftliche Band zwischen den Teammitgliedern.[54]

5.6.3 Selbsteinschätzungskompetenz

Wie bereits erwähnt, ist die Selbstreferenz ein wichtiges Merkmal selbstorganisatorischer Teams. Daher besitzen diese Teams eine gut ausgeprägte Kompetenz in Bezug auf die Selbsteinschätzung und Reflexion. Die Mitarbeiter müssen fähig sein, ihre Stärken und Schwächen einschätzen zu können, um wiederum die Stärken und Schwächen bzw. das Handeln der anderen bewerten und verstehen zu können. Eine gute Reflexionskompetenz ermöglicht es dem Team Prozesse und die Zusammenarbeit im Team analysieren zu können und somit für Weiterentwicklungen und Verbesserungsvorschläge offen zu sein. Auch für das Aufteilen der verschiedenen Rollen, ist eine gute Selbsteinschätzung ein großer Vorteil. So sollte ein eher introvertiertes bzw. passives Teammitglied, nicht unbedingt auf eine Rolle bestehen, die eine gewisse Dominanz und Durchsetzungsfähigkeit verlangt. Das mindert die Gefahr von späteren Konflikten in den Teams. Die Selbstorganisation in diesen Teams macht diese Selbsteinschätzungskompetenz und Reflexionskompetenz noch zu viel wichtigeren Faktoren, da das Team für die Prozesse und Strukturen ihres Teams selbst verantwortlich sind.[55]

5.6.4 Strukturkompetenz

Die Selbstorganisation ermöglicht es dem Team seine eigenen Strukturen und Planungen durchzuführen. Das Team ist selbst zuständig für die Aufteilung von Arbeitsteilen und die Verteilung der verschiedenen Rollen und gestaltet somit die Struktur ihres Teams eigenständig und selbstverantwortlich. Entscheidungen werden von denen getroffen, die für diesen Arbeitsteil zuständig sind und Probleme werden genau dort gelöst, wo sie entstehen. Das macht die Zusammenarbeit effizienter und verringert die Komplexität, die durch die Selbstorganisation sowieso schon relativ hoch ist.

---

[54] vgl. Rosenberger 2018, S. 30
[55] vgl. Gloger; Rösner 2018, S. 49

Um diese Strukturkompetenz zu nutzen, muss den Teams eine eindeutige Zielvorgabe, ausreichend Ressourcen und gewisse Rahmenbedingungen zur Verfügung stehen. So kann sich die Selbstorganisation in diesen Teams voll entwickeln.[56]

5.6.5 T-Kompetenz

Die Teammitglieder in selbstorganisierten Teams unterschieden sich u. a. hinsichtlich ihrer demografischen Merkmale, ihrem Wissen, Fähigkeiten und Persönlichkeitsmerkmalen. Daher ist eine ausgeprägte Kommunikation untereinander sehr wichtig, um Wissen verständlich auszutauschen. Die T-Kompetenz beschreibt hier, dass fachliche Wissen über seinen eigenen Fachbereich hinweg. Kurz gesagt, durch die Redundanz in selbstorganisierten Teams ist es den Teammitgliedern möglich, mehrere Aufgabengebiete zu bearbeiten. Das vereinfacht die Zusammenarbeit und ermöglicht eine offene Kommunikation zwischen verschiedenen Fachbereichen. Fachliche Fragen werden in den Teams umgehend angesprochen und geklärt. Das verhindert das Entstehen von Konflikten durch mangelndes fachliches Grundwissen. Dieses fachabteilübergreifende Verständnis für bestimmte Arbeitsabläufe erhöht zudem die Motivation und das Selbstbewusstsein und ist daher für die Entwicklung von Selbstorganisation unabdingbar.[57]

5.7 Grundwerte selbstorganisierter Teams

Für das Grundgerüst und dem Leistungserfolg selbstorganisierter Teams spielen neben einer klar definierten Aufgabe, bestimmte Werte innerhalb dieser Teams eine entscheidende Rolle. Diese Werte sind die Punkte, denen das Team hohe Stellenwerte zuschreibt und die sie für das Erfüllen der Ziele und als Grundlage einer guten Zusammenarbeit als sehr wichtig angesehen werden. Diese fest verankerten Werte, beeinflussen das Verhalten, die Motivation und die sozialen Fähigkeiten der jeweiligen Teammitglieder. Kaltenecker hat hierfür 4 Grundwerte aufgelistet, die allgemein als sehr wichtig angesehen werden: Commitment, Einfachheit, Respekt und Mut.[58] Auf diese 4 wichtigen Grundwerte selbstorganisierter Teams soll im Folgenden näher eingegangen werden.

---

[56]   vgl. Rosenberger 2018, S. 30 ff.

[57]   vgl. Rosenberger 2018, S. 31

[58]   vgl. Kaltenecker 2018, S. 31

5.7.1 Commitment

Bei dem Begriff des Commitments geht es im Allgemeinen um das Verantwortungsbewusstsein und das Verpflichtungsgefühl, eine Aufgabe so gut wie nur möglich zu erledigen. Den Teammitgliedern sollte bewusst sein, dass sie eine gewisse Verpflichtung gegenüber ihren Kollegen bzw. dem Unternehmen haben selbst wenn der Erfolg ihrer Arbeit hierbei auch nur eine kleine Veränderung mit sich bringt. Diese Selbstverpflichtung führt zu besseren Wettbewerbsvorteilen, Steigerung der Qualität und einer wachsenden Identifikation mit dem Team und dem Unternehmen.[59]

Die Bedeutung des Commitment spielt in selbstorganisierten Teams daher eine wichtige Rolle, da das Team nur effizient funktionieren kann, wenn alle Teammitglieder ihr bestmögliches geben und sich bewusst dafür sind, dass auch die kleinste Veränderung eine große Auswirkung auf den gesamten Prozess haben kann. Commitment kann nicht erzwungen werden, sondern wird vor allem durch die Selbstorganisation in den Teams gestärkt. Durch den eigenen Einfluss auf Strukturen und der Gestaltung der Arbeitstätigkeiten erlangen die Mitarbeiter ein höheres Verantwortungsbewusstsein und erkennen ihre Verpflichtung gegenüber dem Team und dem Unternehmen selbstständig.[60]

5.7.2 Einfachheit

Die richtige Balance zwischen zu niedriger und zu hoher Komplexität ist ausschlaggebend für eine gute Leistung. Mit dem Grundwert der Einfachheit in selbstorganisierten Teams ist nicht gemeint alles auf die leichte Schulter zu nehmen, sondern vielmehr Arbeitsabläufe nicht zu verkomplizieren und nicht getätigte Arbeit zu maximieren. Manchmal führt, eine einfachere Lösung und die schrittweise Entwicklung dieser Lösung zu einem effizienteren Ergebnis als das zeitaufwendigere und komplexere Lösen des Problems. Für die Unterstützung des Grundwertes der Einfachheit gibt es einige Lean-Prinzipien, die innerhalb des Teams angewendet werden können. So kann u. a. die Einfachheit erhöht werden, indem festgelegte Rahmenbedingungen vorhanden sind, Prozesse und Arbeitsabläufe stetig verbessert werden und das interdisziplinäre Lernen, sowie die Kommunikation miteinander gestärkt werden.

---

[59] vgl. Kaltenecker 2018, S. 32

[60] vgl. Karst, K.; Segler, T; Gruber, K. (2000): Unternehmensstrategien erfolgreich umsetzen durch Commitment Management, 1. Aufl., Berlin: Springer, S. 1 ff.

Die wichtigste Voraussetzung für die Entwicklung des Faktors der Einfachheit in selbstorganisierten Teams ist ausreichend Zeit. Teams benötigen Zeit, um sich auf einander einspielen zu können und als Gemeinschaft zusammenzuwachsen. Ohne diese gegebene Zeit ist eine Einfachheit kaum möglich, vielmehr werden die Prozesse eher noch komplexer. Der Ausdruck weniger ist manchmal mehr, bringt die Bedeutung des Begriffs der Einfachheit gut auf den Punkt und nimmt ebenso Bezug auf die Agilität. Manchmal ist es am besten einfach etwas zu machen, wobei die einfachste Lösung in manchen Situationen auch nicht immer die schlechteste sein muss. Gerade in der heutigen agilen Zeit, in der es stetig zu Veränderungen kommt und schnelle Reaktionen vorausgesetzt werden, ist die Fokussierung auf das Wesentliche, sowie die Implementierung von kurzen Feedbackschleifen entscheidend.[61]

5.7.3 Respekt

Für ein gutes Zusammenarbeiten in selbstorganisierten Teams, sowie in allen anderen organisationalen Systemen ist Respekt untereinander und gegenüber der Organisation selber unabdingbar. Höchstleistung in Teams ist nur möglich, wenn sich alle Beteiligten respektvoll verhalten und andere Meinungen zulassen. Gerade die hohe Diversität, die bei den Mitarbeitern in selbstorganisierten Teams herrscht, verlangt gegenseitigen Respekt. So können diese Unterschiede als Potentiale angesehen werden und bestmöglich gebündelt eingesetzt werden. Das setzt allerdings auch Toleranz für die möglichen Fehler der Kollegen voraus, wie in der sogenannten Prime Directive festgehalten ist: „Unabhängig von dem, was wir herausfinden, sind wir davon überzeugt, dass in der gegebenen Situation, mit den verfügbaren Ressourcen, mit dem vorhandenen Wissen und den individuellen Fähigkeiten jeder sein Bestes getan hat".[62]

Ebenso wichtig, wie der Respekt untereinander ist ein gewisser äußerlicher Respekt gegenüber der Organisation. Nur wenn wir Respekt gegenüber den Leitwerten und der Unternehmenskultur zeigen, können wir auch Respekt von der Organisation erwarten. Selbstorganisierte Teams besitzen zwar viele Freiheiten bei der Gestaltung der Struktur und bei der Aufgabendurchführung, sollten aber dennoch die vorgegebenen Rahmenbedingungen respektvoll behandeln.

---

[61] vgl. Kaltenecker 2018, S. 33 ff.
[62] Kaltenecker 2018, S. 35

Nur so kann ein gegenseitiges Vertrauen zwischen dem selbstorganisierten Team und der Führungskraft entstehen. Ein Mangel an Respekt verhindert oft einen differenzierten Blickwinkel und eine offene und ehrliche Kommunikation untereinander.[63]

5.7.4 Mut

Ein weiterer wichtiger Grundwert, der in selbstorganisierten Teams sehr wichtig ist, ist Mut. Der Begriff Mut in Bezug auf Teamarbeit ist sehr dehnbar und es gibt keine allgemein gültige Definition. Offenheit, Transparenz und Feedback können u a. für drei mögliche Faktoren in dieser Hinsicht genannt werden. Die Mitarbeiter in selbstorganisierten Teams müssen den Mut besitzen ihre Arbeitsabläufe und erbrachten Leistungen stetig zu analysieren und zu hinterfragen, um Verbesserungen zu ermöglichen und sich weiterentwickeln zu können. Das beinhaltet auch die Fähigkeit Feedback einzuholen, zu akzeptieren und umsetzen zu können. Nur wenn ich den Mut habe, zu meinen Stärken und Schwächen zu stehen und bereit bin diese transparent mit anderen zu teilen, habe ich die Möglichkeit mich sowohl auf fachlicher Ebene wie auch auf sozialer Ebene weiterzuentwickeln.

Mut kann aber auch bedeuten, Probleme im Ablauf des Prozesses direkt und offen anzusprechen, um gemeinsam nach einer Lösung suchen zu können. Auf der anderen Seite braucht es Mut, um sich in bestimmten Situationen zurückhalten zu können, in denen eine Einmischung vielleicht nicht von Vorteil wäre. So benötigt auch die Führungskraft Mut, da sie einen wesentlichen Anteil ihrer Verantwortung an die selbstorganisierten Teams abgibt. Oftmals meinen Manager es besser machen zu können oder eine bessere Lösung zu haben, aber für die Selbstorganisation braucht ein Team Freiraum, um sich entfalten zu können und ihre eigenen Fehler machen zu dürfen. Zusammengefasst kann man sagen, dass ohne Mut selbstorganisierte Teams keine Möglichkeit haben sich zu verbessern und weiterzuentwickeln. Da es ohne den Mut, sich selbst und andere stetig zu hinterfragen keine Veränderungen, weder in den Teams noch in den Organisationen, geben kann.[64]

---

[63] vgl. Kaltenecker 2018, S. 35 ff.
[64] vgl. Kaltenecker 2018, S. 37 ff.

6 Vorteile der selbstorganisierten Teamarbeit

Aus der Begriffsanalyse, den Merkmalen, den Kompetenzen und den Grundwerten der selbstorganisierten Teamarbeit, lassen sich zahlreiche Vorteile sowohl für die Mitarbeiter wie auch für die Führungskraft ableiten. Durch die heutige agile Welt und dem wachsenden Wunsch der Mitarbeiter nach mehr Verantwortung und Selbstbestimmung, stehen die Unternehmen vor großen Herausforderungen. Diese Herausforderungen benötigen ein Umdenken der bisherigen Denkweise, hin zur Förderung von Agilität. Diese Herausforderungen können mithilfe der selbstorganisierten Teamarbeit gemeistert werden, wie man anhand der Vorteile, die in diesem Kapitel betrachtet werden, beweisen kann.

Anfangs werden zunächst die jeweiligen Vorteile der Mitarbeiter, sowie die Vorteile der Führungskraft genauer analysiert. Anschließend soll aufgezeigt werden, wie dank selbstorganisierter Teamarbeit die Effizienz von unternehmerischen Abläufen gesteigert werden kann und somit Wettbewerbsvorteile optimal genutzt werden können. Da diese Vorteile nur in ihrem vollen Umfang genutzt werden können, wenn auch die Führung entsprechend auf die Selbstorganisation angepasst wird, soll es im letzten Teil dieses Kapitels um die Führung selbstorganisierter Teams gehen. Das betrifft den Wandel innerhalb des Führungsstils, sowie das Modell der geteilten Führung in selbstorganisierenden Teams.

6.1 Nutzen der selbstorganisierten Teamarbeit

Aus der vorherigen Betrachtung der Merkmale und Kompetenzen, die die selbstorganisierte Teamarbeit mit sich bringt, lässt sich ableiten warum diese Art von Teamarbeit ein so effizientes Werkzeug für die Unternehmen darstellt. Vor allem in der heutigen agilen Welt, eignen sich selbstorganisierte Teams besonders gut, um die neuen Herausforderungen zu bewältigen, Wettbewerbsvorteile effizient zu nutzen und um die Mitarbeiter mehr in die Prozesse einbinden zu können. Vor allem das interdisziplinäre Zusammenarbeiten in diesen Teams und das damit vorhandene breite Feld an Wissen, kontinuierlichem Lernen und Selbstorganisation, ermöglicht es den Organisationen Leistungen zu generieren, die in Einzelarbeit niemals erreicht werden könnten. Die selbstverantwortliche Gestaltung der Strukturen, der Aufgabengestaltung, der Prozesse und der Rollenverteilung, ermöglichen es dem Team die unterschiedlichen Stärken und Fähigkeiten der Teammitglieder zu bündeln und effizient für das Erreichen der Ziele zu nutzen. Zudem lassen sich

Schwächen kompensieren und durch gute und stetige Kommunikation Konflikte selbständig und ohne Eingriff von außen lösen.[65]

Organisationen müssen sich heutzutage auf viele verschiedene Veränderungen, u. a. demografische, ökonomische oder ökologische Veränderungen einstellen und mit den sich stetig veränderten Umweltanforderungen zurechtkommen. Das erfordert eine schnelle Reaktionszeit und eine gute Planung, denn eine genaue Voraussagung der möglichen Umweltveränderungen ist nicht möglich. Das bedeutet, um weiterhin wettbewerbsfähig zu sein, müssen Organisationen ihre Agilität erhöhen. Selbstorganisierte Teams können dabei helfen die Agilität zu erhöhen und schneller auf Herausforderungen reagieren zu können, Komplexität besser zu verarbeiten und qualitativere Entscheidungen, sowie effizientere Verbesserungsmaßnahmen zu tätigen. Zudem können sich selbstorganisierte Teams effektiver auf neue Kundenwünsche und neue Innovationen bzw. Wettbewerbschancen fokussieren und diese frühzeitig erkennen. Diese Vorteile können sich aber nur einstellen, wenn den Mitarbeitern durch die Führungskraft bzw. dem Manager freie Handlungsmöglichkeiten zur Verfügung stehen und eine klare Aufgabenstellung und gewisse Rahmenbedingungen vorhanden sind. Auch wenn es zunächst paradox klingen mag, spielt die richtige Führung bei der vollen Ausschöpfung der Potentiale selbstorganisierten Teams eine wichtige Rolle. Diese Teams befinden sich auf keinen Fall in einem luftleeren Raum, sondern benötigen vielmehr klare Aufgaben und Rahmenbedingungen, um sich bestmöglich entwickeln zu können und effizient im Team arbeiten zu können.[66]

Die selbstorganisierte Teamarbeit ist ein gutes Werkzeug für den Übergang der Organisationen vom traditionellen Management hin zum für die Zukunft wichtigen agilen Denkens. Dieser Wunsch nach Selbstorganisation ist vor allem den Problemen des traditionellen Managements geschuldet. Viele Chancen und Verbesserungsmöglichkeiten werden durch hohe Komplexität und erdrückende Kontrollsysteme verhindert.

---

[65] vgl. Kaltenecker 2017, S. 15

[66] ebd.

Selbstorganisierte Teams können diese Dysfunktionalitäten verhindern und können so durch ihre schnelle Reaktionszeit und kurzen Feedbackschleifen, vor allem auch in Bezug auf die Kundenfeedbacks, im Sinne der Agilität schnell und zukunftsorientiert auf die sich stetig veränderten Umweltanforderungen reagieren.[67]

Im Folgenden sollen die verschiedenen Vorteile jeweils für die Mitarbeiter, sowie für die Führungskraft genauer betrachtet werden. Auch wenn das System der selbstorganisierten Teamarbeit für beide Parteien insgesamt Vorteile bietet, ist es interessant sich die jeweiligen spezifischen Vorteile für beide Seiten genauer anzusehen.

6.1.1 Vorteile für die Mitarbeiter

Die Bedürfnisse und der Drang nach Eigenverantwortung und Selbstverwirklichung der Mitarbeiter hat sich in den letzten Jahren verändert. Aufgrund guter Ausbildungen und dem damit vorhandenen Wissen, Fähigkeiten bzw. Kompetenzen der Mitarbeiter, sehen viele das traditionelle Management mit seiner erhöhten Bürokratie, strengen Führung und Kontrollsystemen als nicht mehr zeitgemäß an. Das führt dazu, dass heutzutage viele Wissensarbeiter immer mehr Autonomie und damit Selbstorganisation fordern. Die alten Muster der traditionellen Führung und Motivation der Mitarbeiter scheint in der heutigen Zeit nicht mehr zu funktionieren. Die heutigen Wissensarbeiter fordern Freiheit bei der Gestaltung von Strukturen und Arbeitsprozesse, um ihr Potential voll ausschöpfen zu können und das Beste aus ihrer Arbeit herauszuholen. Sie suchen nach einem Sinn und einer Bedeutung ihrer Arbeit und wollen nicht nur bloß strikten Instruktionen folgen. Dazu ist der Wunsch lieber in Teams als allein zu arbeiten gewachsen. Der Mensch ist ein soziales Wesen und kann die beste Leistung vor allem in einer Gemeinschaft erzielen. Organisationen stehen demnach vor der Herausforderung passende organisationale Systeme zu implementieren, um Höchstleistung generieren zu können.[68]

Die Lösung hierfür kann die Implementierung selbstorganisierter Teamarbeit sein, die viele Vorteile für die Mitarbeiter mit sich bringt. Selbstorganisierte Teams ermöglichen den Mitarbeitern Freiraum für die selbständige und eigenverantwortliche Gestaltung ihrer eigenen Strukturen, Arbeitsprozesse und Machtverteilung innerhalb des Teams. Sie können sich somit frei entfalten, ihre Stärken bündeln und

---

67 vgl. Kaltenecker 2018, S. 9
68 vgl. Kaltenecker 2018, S. 8 ff.

weiterentwickeln, ihre Schwächen kompensieren und sich gegenseitig bei Problemen bzw. Konflikten unterstützen. In Teams können die Mitarbeiter dazu durch die Zusammenarbeit und der ausgeprägten Kommunikation untereinander ihre sozialen Bedürfnisse befriedigen und ihre eigenen sozialen Kompetenzen stärken und weiterentwickeln. Selbstorganisierte Teamarbeit sorgt dafür, dass die Mitarbeiter ein Bewusstsein für den Sinn ihrer Arbeit entwickeln und sie stärkt das Gefühl der Zugehörigkeit.

Vor allem die Freiheit bei der Gestaltung der Arbeitsabläufe und Arbeitsprozesse innerhalb der Teams ist ein wichtiger Vorteil für die Mitarbeiter. Es ist ihnen möglich die Rollen- und Machtverteilung so untereinander aufzuteilen, dass jeder sein Wissen und seine Kompetenzen in bester Weise einsetzen kann und es zu keiner Überforderung kommt, wie das in Einzelarbeit oft der Fall ist. Durch die dort vorhandene Redundanz in diesen Teams gibt es keine strenge Arbeitsaufteilung und es kann immer unterstützend zusammengearbeitet werden. Durch die vielen unterschiedlichen Fähigkeiten und Kompetenzen der Wissensarbeiter und die ausgeprägte Kommunikationskompetenz in selbstorganisierten Teams kann die Komplexität der wachsenden Herausforderungen und Aufgaben gesenkt werden.

Zusammengefasst bietet die Arbeit in selbstorganisierten Teams den Mitarbeitern die Möglichkeit zur Übernahme von Eigenverantwortung ihres Handelns und zur Selbstverwirklichung. Sie können ihre Potentiale voll ausschöpfen und werden nicht durch starre Regeln und Kontrollsysteme ihrer Kreativität und freien Handlungsmöglichkeiten beraubt. Durch diesen frei gewährten Handlungsrahmen können sich die Mitarbeiter mehr mit ihrer Arbeit identifizieren und können zusammen als Team auf einen Erfolg hinarbeiten. An diesem Erfolg sind alle Teammitglieder gleichermaßen beteiligt und können diesen als persönlichen Gewinn werten. Das trägt maßgeblich auch zur Erhöhung der Arbeitszufriedenheit bei.[69]

Diese Vorteile können allerdings nur erzielt werden, wenn alle Mitarbeiter der selbstorganisierten Teamarbeit offen gegenüberstehen und überhaupt an einer entsprechende Selbstorganisation interessiert sind. Nicht zu allen Mitarbeitern passt die große Verantwortung, die die Selbstorganisation mit sich bringt bzw. nicht jeder Mitarbeiter sieht darin einen Vorteil für seine Arbeit. Die Zusammensetzung eines selbstorganisierten Teams sollte daher im Vorfeld genau überlegt

---

[69] vgl. VNR Verlag für die Deutsche Wirtschaft AG (Hrsg.) (2019): Selbstorganisation: Agiles Management in Unternehmen. URL: https://www.personalwissen.de/selbstorganisation-agiles-management/ (abgerufen am 20.11.2019)

und geplant werden. Die Führungsebene sollte zudem vor der Einführung genau analysieren, ob diese Art von selbstorganisierter Teamarbeit in diesem Bereich überhaupt sinnvoll ist.

Im Anschluss werden nun die spezifischen Vorteile für die Führungskraft, die die selbstorganisierte Teamarbeit mit sich bringt, genauer betrachtet und wie sie die Führung allgemein erleichtern kann.

6.1.2 Vorteile für die Führungskraft

Die Führungskräfte stehen aufgrund der wachsenden Umweltanforderungen und stetigen Veränderungen, steigenden und komplexen Herausforderungen gegenüber. Viele Führungskräfte sind mit dieser alleinigen Verantwortung und der hohen Komplexität überfordert und können diese Herausforderungen kaum allein bewältigen. Selbstorganisierte Teams ermöglichen es der Führungskraft diese Komplexität zu minimieren, indem Verantwortung an die Mitarbeiter abgegeben wird. Das entlastet zu einem die Führungsebene und führt zum anderen zu effizienterer Leistung und Agilität in den Organisationen. Die Selbstorganisation der Teams stärkt zudem das Vertrauensverhältnis zwischen der Führungskraft und den Mitarbeitern. Die Mitarbeiter erhalten mehr Eigenverantwortung und Mitbestimmung und lernen dieses in sie gelegte Vertrauen zu wertschätzen. Dadurch erhöht sich die Arbeitsmotivation, was den Führungskräften wiederum ermöglicht komplexe Aufgaben und Probleme an die Teams weiterzugeben. Die Selbstorganisation führt dabei aber nicht zu einem Abwerten der Unternehmensführung, vielmehr kann die Führungsebene durch sie verschiedene Bereiche stärken, wie u. a. die Funktion der Unternehmenspolitik und die Entwicklung der Bereiche wie der Kommunikation und des Personalmanagements. Im Gegenteil schwächen klassische Führungsstrukturen die Unternehmen eher, da durch sie wichtige Faktoren wie z. B. die Kreativität der Mitarbeiter eingeschränkt werden. Die Kreativität sollte allerdings unbedingt gefördert werden, um sich den stetigen Umweltanforderungen anpassen zu können und Lösungen für eventuelle Krisen des Unternehmens zu suchen. Gerade selbstorganisierte Teams ermöglichen es der Führungskraft viele unterschiedliche Wissensarbeiter und deren verschiedenen Potentiale bündeln zu können und somit effizient auf Wettbewerbschancen, sowie Veränderungen reagieren zu können.[70]

---

[70] vgl. Achouri 2013, S. 229

Um diese Effizienz und Vorteile selbstorganisierter Teams nutzen zu können, benötigen diese Teams aber trotz hoher Autonomie ebenso eine gute Führung. Die Führungskraft muss für eine verständliche Zielvorgabe und klare Rahmenbedingungen sorgen. Zudem ist ein stetiges Feedback Voraussetzung, damit die Mitarbeiter ihr Verhalten selbst steuern können. Das Übertragen von Verantwortung und Gewähren von Freiheiten setzt einen gewissen Grad an Mut und Vertrauen der Führungskraft voraus, da sie einen gewissen Anteil ihrer Kontrolle abgibt. Es geht dabei nicht um das prinzipielle Anzweifeln der Führungskompetenz, sondern darum den Mitarbeitern die Möglichkeit zu geben ihr eigenes Potential selbständig und ohne Eingreifen von außen entfalten und entwickeln zu können.

Im nachfolgenden Kapitel soll zusätzlich zu den Vorteilen für die Mitarbeiter und der Führungskraft, die Vorteile selbstorganisierter Teamarbeit und die dadurch steigende Effizienz für die gesamten unternehmerischen Abläufe betrachtet werden.

6.2 Effizienzsteigerung von unternehmerischen Abläufen

Unternehmen profitieren in vielerlei Hinsicht von der selbstorganisierten Teamarbeit und der daraus entstehenden Agilität. Sie kann den Unternehmen bei den stetig komplexeren Herausforderungen helfen, indem Veränderung u. a. in ökonomischer und ökologischer Hinsicht, aber auch neue Kundenwünsche und Innovationfelder schnellstmöglich erkannt werden und flexibel und schnell reagiert werden kann. Durch das interdisziplinäre Arbeiten in selbstorganisierten Teams steigt die Qualität der Entscheidungen und die Komplexität der Arbeitsaufgaben kann durch das Zusammenarbeiten im Team und der effektiveren Kommunikationswege gesenkt werden. Das zeigt sich vor allem aufgrund der kürzeren Feedbackschleifen zwischen der Führungskraft und den Mitarbeitern, aber nicht zuletzt auch von der Kundenseite aus. Durch die steigende Informationsmenge, der Globalisierung und den sich permanent veränderten Kundenanforderungen und Kundenwünsche wird es für die Führungskräfte zunehmend schwieriger und aufwendiger den Überblick zu bewahren. So kann es schnell vorkommen, dass Wettbewerbschancen oder neue Möglichkeiten der Weiterentwicklung übersehen werden.

Selbstorganisierte Teams stellen ein gelungenes Werkzeug für die Fokussierung und Analyse dieser Unternehmenspunkte dar und helfen bei der schnellen Lösungsfindung. Das macht die unternehmerischen Prozesse um einiges effizienter und ressourcenschonender.[71]

Die Selbstorganisation der Mitarbeiter erhöht nicht nur deren Arbeitsmotivation, sondern führt ebenso zu einer Stärkung der Kreativität und der Innovationsleistungen. Im Zentrum stehen das Produkt und der Kundennutzen: Durch die Freiheit bei der Gestaltung von Strukturen und der Rollenverteilung, können sich die Mitarbeiter frei entfalten und ihre Kreativität sowie ihr Potential in vollem Umfang ausschöpfen. Das führt zu neuen Ideen, innovativen Verbesserungsvorschlägen, einer besseren Fokussierung auf die Kundenwünsche und effizienterer Gestaltung der organisationalen Abläufe. Kurz zusammengefasst führt die selbstorganisierte Teamarbeit zu schnelleren und qualitativ hochwertigeren Entscheidungen, was wiederum zu einer innovativeren Produktentwicklung, effizienteren Arbeitsprozessen und einer höheren Kundenzufriedenheit führt. Durch das gegenseitige Vertrauen und der ermöglichten Freiheit für Handlungsspielräumen, steigt zudem die Wertschätzung der Mitarbeiter für die Führungsebene. Die klassischen Top-down-Organisationen haben sich zwar in vielen Punkten als sinnvoll erwiesen, vor allem bei regelmäßigen Bestandsgeschäften, allerdings werden diese Steuerungen der heutigen Zeit und ihrer immer schnelleren und stetigen Marktveränderungen kaum mehr gerecht.[72]

Bei der Betrachtung der zahlreichen Vorteile der selbstorganisierten Teamarbeit darf aber nicht vergessen werden, dass diese Art der Teamarbeit eine gewisse Zeit benötigt, bis sie zum erhofften Erfolg führt. Selbstorganisation kann nicht von heute auf morgen umgesetzt werden und erfordert bestimmte Voraussetzungen, um in den Organisationen funktionieren zu können. Das erfordert auch eine gewisse Führung, die klare Zielvorgaben formuliert und Rahmenbedingungen vorgibt. Aus diesem Grund soll nachfolgend die Bedeutung der Führung in Bezug auf die selbstorganisierte Teamarbeit betrachtet werden. Zunächst soll das Verständnis der systemischen Führung und dem damit einhergehenden Wandel in der Führung erklärt werden.

---

[71] vgl. Kaltenecker 2018, S. 9

[72] vgl. Lendis GmbH (Hrsg.) (2019): Alles agil? Was bedeutet überhaupt „agiles Arbeiten"?. URL: https://magazin.lendis.io/was-ist-agiles-arbeiten/ (abgerufen am 21.11.2019)

Ein weiterer Punkt der genauer betrachtet wird, ist die geteilte Führung, die Bedeutung dieses Führungsstils und welche Vorteile diese Art von Führung mit sich bringt.

6.3 Führung selbstorganisierter Teams

Auch wenn es aufgrund des Begriffes eher paradox klingt, benötigen selbstorganisierte Teams eine gewisse Führung, um ihre Potentiale voll ausschöpfen zu können und die Ziele des Unternehmens effizient zu erfüllen. Das Verständnis von Führung hat sich in Hinsicht dieser Teams allerdings gewandelt. Der Schwerpunkt der Führung liegt durch die Selbstorganisation nun nicht mehr auf der traditionellen Herrschaftshierarchie, mit ihren starren Befehlen und Kontrollsystemen, sondern vielmehr auf den Mitarbeitern selbst. Das bedeutet nicht ein vernachlässigen der qualitativen Leistungen, viel mehr kann durch die richtige Führung die Qualität erhöht werden. Anschließend soll daher zunächst der Begriff der systemischen Führung genauer betrachtet werden und dessen Unterschiede zur transformationalen Führung.

6.3.1 Systemische Führung

Die systemische Führung unterscheidet sich von der transformationalen Führung in der Hinsicht, dass in ihrem Mittelpunkt die Mitarbeiter mehr an Bedeutung gewinnen und deren Autonomie und Mitgestaltung bei den unternehmerischen Prozessen gestärkt wird. In Bezug auf selbstorganisierte Teams werden mit der systemischen Führung die individuellen Fähigkeiten der Mitarbeiter gestärkt und dadurch effiziente Lösungen zu komplexen Aufgaben generiert. Es geht vielmehr um institutionelle Elite, anstatt personeller Elite, indem normale Mitarbeiter zusammen in einem Höchstleistungsteam zu höheren Leistungen befähigt werden. Anstatt einer traditionellen Herrschaftshierarchie, zeichnet sich die systemische Führung durch mehr Demokratie und Variabilität aus. Voraussetzung bei der systemischen Führung ist das Vertrauen in die Selbstorganisation der Mitarbeiter.[73]

Damit diese Selbstorganisation bestmöglich funktionieren kann, muss die Führungskraft aber dafür sorgen, dass sich die Mitarbeiter frei entfalten können. Das beinhaltet die Vorgabe klar verständlicher Ziele und gewisse Rahmenbedingungen. Darüber hinaus müssen die Mitarbeiter permanent die Chance auf das Einholen

---

[73] vgl. Achouri 2018, S. 238

von Feedback haben, um sich selbständig einschätzen zu können und ihre Stärken weiterzuentwickeln. Dieses Feedback sollte deutlich und kompetent sein, allerdings ohne Druck auf die Mitarbeiter auszuüben, was eher zu einem Ausbremsen der Kreativität und deren Begeisterung für die Teamarbeit führen würde. Selbstorganisierte Teams sorgen dafür, dass Motivation, Kreativität, Eigenverantwortung und Innovation nicht mehr von der Führungskraft in das Team getragen werden müssen, sie sind vielmehr bereits vorhanden. Es geht eher darum Handlungsspielräume zu gewährleisten, damit sich diese Faktoren entfalten können. Allerdings ist die Akzeptanz der Teamarbeit im Management noch nicht überall gegeben, da der traditionelle Führungsstil immer noch häufig als stabiler Stil angesehen wird. Ein Wandel der Führung hin zu einer systemischen Führung ist dabei aber gerade in der heutigen Zeit vor allem durch die Globalisierung und stetigen Veränderungen und Herausforderungen des Arbeitsmarktes wichtig für die Unternehmen. Durch die systemische Führung wird die Kreativität gestärkt und die Fokussierung liegt auf der Mitarbeiterführung, der Mitarbeitermotivation und der Mitarbeiterbindung. Diese Punkte sind für die zukünftige Wettbewerbsfähigkeit der Unternehmen, vor allem angesichts des demografischen Wandels, der ökonomischen, sozialen und ökologischen Veränderungen unabdingbar. In selbstorganisierten Teams wird die Führung geteilt und es führt jeweils der Teil, der gerade am kompetentesten ist. Nachfolgend soll dieses Modell der geteilten Führung in selbstorganisierten Teams genauer betrachtet werden und warum sich diese Art der Führung als sinnvoll erweist.[74]

6.3.2 Geteilte Führung

Betrachtet man die Strukturen selbstorganisierter Teams und die große Variabilität an verschiedenen Kompetenzen und Fähigkeiten der Mitarbeiter in diesen Teams, macht es keinen Sinn die Führung als Privileg für bestimmte Experten bzw. Manager anzusehen. Vielmehr muss diese Aufgabe für jeden eine Verpflichtung darstellen und alle Teammitglieder wechselseitig dafür verantwortlich sein. Die Führung in selbstorganisierten Teams wird daher geteilt wahrgenommen. Das erhöht die Effizienz der Teamleistung, die Eigenverantwortung der Mitarbeiter wird gestärkt und die Motivation sich voll und ganz in den Prozess miteinzubringen erhöht sich. Nicht umsonst sagt man, dass Probleme am besten dort angegangen werden sollten, wo sie entstehen. Die Leistungskompetenz wird nicht einer einzigen

---

[74] vgl. Achouri 2013, S. 225 ff.

Person zugeschrieben, vor denen sich die anderen rechtfertigen müssen, sondern Leistung wird als systemübergreifende Kompetenz angesehen. Der Mitarbeiter, der gerade imstande ist, ein bestehendes Problem zu lösen übernimmt in diesem Fall die Führung des Teams und leitet die anderen Teammitglieder an, um einen entsprechenden Lösungsansatz zu generieren.

Selbst wenn es für den Auftritt gegenüber Dritten bzw. der Rechtfertigung gegenüber der Führungsebene sinnvoll ist ein Teamleiter zu bestimmen, ist die Führung in selbstorganisierten Teams trotzdem wechselseitig. Die Meinung des gesamten Teams wird immer Vorrang haben. Deswegen weiß ein guter Teamleiter genau, wann er sich zurückhalten muss und wann die anderen Teammitglieder für die Führung bei einem bestimmten Problem besser geeignet sind. Verschiedene Situationen benötigen eben verschiedene Impulse und Sichtweisen. Voraussetzung für eine geteilte Führung ist daher, dass alle notwendigen Informationen jedem zugänglich sind und alle Prozesse bzw. Entscheidungen im Team immer transparent verlaufen. Durch die Offenlegung der Entwicklungsschritte, können die Mitarbeiter ihre Arbeitsschritte auch besser wechselseitig koordinieren. Dadurch wird nicht nur die Kommunikation in den Teams gestärkt, sondern es stärkt auch die Selbstverantwortlichkeit der Teammitglieder für die individuelle Leistungserbringung im Prozess.[75]

Die Notwendigkeit einer gut verteilten Führungsverantwortung, wie sie in selbstorganisierten Teams vorhanden ist wird vor allem durch die neuen komplexen Herausforderungen für die Unternehmen im 21. Jahrhundert sichtbar. Für den Unternehmenserfolg und dem Lösen von komplexen Problemen kann nicht einer allein verantwortlich sein, vielmehr wird das Zusammenspiel von unterschiedlichen Kräften benötigt. Der Wandel in der Führung hin zur systemischen Führung kann als eine Verschiebung des klassischen Managements von Personen und Aktivitäten, hin zum, gemeinsamen organisieren und planen von Arbeitsflüssen gesehen werden. Es geht also nicht nur um die Stärkung der Selbstverantwortung der Mitarbeiter, sondern auch um die Sicherung der Wettbewerbsvorteile für die Unternehmen in der Zukunft. Diese gemeinsame Führung in den Teams erfordert allerdings auch ein gewisses gegenseitiges Vertrauensverhältnis zwischen den Teammitgliedern, sowie eine gute Selbsteinschätzung.

---

[75] vgl. Achouri 2013, S. 244 ff.

Das umfasst ebenso eine stetige kritische Begutachtung und gegebenenfalls eine Veränderung der Arbeitsprozesse, wie auch die regelmäßige Überprüfung und kritische Einschätzung der Qualität der Teamzusammenarbeit.[76]

Dieses Führungssystem der verteilten Führung in selbstorganisierten Teams, ist auch, wenn es auf den ersten Blick komplex wirken mag, weder wirklich schwer zu erlernen noch schwer anzuwenden. Allerdings brauchen selbstorganisierte Teams ein fortlaufendes Mentoring und Coaching. Man spricht hier aber weniger von der Führungskraft als zusätzlichen Coach, vielmehr sollen sich die Teammitglieder untereinander coachen und voneinander lernen. Es muss stetig überprüft werden, dass wichtige Punkte, die für den Teamerfolg entscheidend sind, wie z. B. Wissen, Kompetenzen, Ressourcen und professionelles Feedback gegeben sind. So führen selbstorganisierte Teams häufig professionelle Workshops durch, um die Teamleistung zusammen zu reflektieren, Verbesserungsmaßnahmen zu entwickeln und mögliche Konflikte beizulegen. Diese Veranstaltungen benötigen einen hohen Grad an Moderationsfähigkeiten und werden daher oft von speziellen Coaches moderiert und überwacht. Zudem können die Teams auch noch durch spezielle Kick-off-Veranstaltungen, professionelle Teamseminare und durch die Ausbildung von benötigten Moderationsfähigkeiten gestärkt werden.[77]

---

[76] vgl. Kaltenecker 2018, S. 24 ff.
[77] vgl. Kaltenecker 2017, S. 145 ff.

7 Nachteile und Herausforderungen der selbstorganisierten Teamarbeit

Sosehr die selbstorganisierte Teamarbeit auch als „Wunderwerkzeug" für die agilen und komplexen Herausforderungen der Unternehmen angesehen wird und nachweislich zur Effizienzsteigerung unternehmerischen Abläufen führt, bringt sie ebenso mögliche Nachteile und Herausforderungen sowie für die Führungskraft, wie auch für die Mitarbeiter mit sich. Diesen Herausforderungen müssen sich beide Parteien bewusst sein, um mögliche Probleme entgegenzusteuern. Nicht immer und überall machen selbstorganisierte Teams Sinn und führen zum Erfolg. Dieses Kapitel befasst sich daher mit den möglichen Nachteilen der selbstorganisierten Teamarbeit für Führungskraft und Mitarbeiter. Es soll darüber hinaus aufzeigen, wo Konflikte entstehen können, welche verschiedenen Arten von Konflikten möglich sind und wie ein entsprechendes Konfliktmanagement und Konfliktkompetenzprofil aussehen kann.

7.1 Mögliche Nachteile und Herausforderungen für Führungskraft und Mitarbeiter

Selbstorganisierte Teams werden als zukunftswichtige Systeme in der agilen Arbeitswelt für Unternehmen angesehen. Dennoch bringt auch das Modell der selbstorganisierten Teamarbeit Nachteile und damit Herausforderungen für Führungskraft und Mitarbeiter mit sich. In Anbetracht der zahlreichen Punkte, die für eine selbstorganisierte Teamarbeit sprechen, sollten die nachfolgenden Punkte aber eher als Herausforderungen aller Beteiligten gesehen werden, anstatt als unlösbare Nachteile. Selbstorganisation führt durch die uns bekannten Merkmale und Vorteile zu einer Reduzierung von Komplexität in den unternehmerischen Abläufen. Auf der anderen Seite führt dieses Organisationmodell aber zu einer neuen speziellen Komplexität, die eine Herausforderung für alle Beteiligten darstellt. Dabei sollte diese Komplexität aber nicht mit Kompliziertheit verwechselt werden, vielmehr sollte die Selbstorganisation als System angesehen werden, dessen Struktur bzw. Verhalten in diesem System nicht eindeutig definiert werden kann. Die Komplexität macht es ab einem bestimmten Grad unmöglich die komplette Kontrolle über das System zu bewahren, da die Wechselwirkungen in diesem System nicht voll durchdringbar sind. Dies erfordert gewisse Fähigkeiten und Kompetenzen, um die Komplexität so gut wie möglich in den Griff zu bekommen.[78]

Für die Führungskraft bedeutet die Einführung von Selbstorganisation eine stückweise Abgabe von Kontrolle und Autonomie. Viele Führungskräfte sehen diesen Kontrollverlust als Nachteil an und können sich von ihrem traditionellen hierarchischen Führungsstil nur schwer trennen. Schließlich haben sie gerne die Kontrolle, da sie für die Arbeit ihrer Mitarbeiter gegenüber höheren Hierarchieebenen oder Dritten grade stehen müssen und die Verantwortung tragen. Allerdings ist diese Verantwortungsabgabe an die Mitarbeiter wie bereits verdeutlicht wurde keinesfalls ein Nachteil, sondern ein effektiver Schritt zur Förderung der Agilität und der Kreativität im Unternehmen. Selbstorganisation benötigt also einen gewissen Grad an Vertrauen, sowohl auf Seiten der Führungskraft in die Mitarbeiter als auch auf Seiten der Mitarbeiter gegenüber der Führungskraft. Ohne dieses Vertrauensverhältnis kann sich die Selbstorganisation nicht gänzlich entfalten und führt auf lange Sicht zu keiner effizienten Leistung. Ein wesentlicher Nachteil, die die Führungskraft aufgrund der einhergehenden Komplexität durch die Einführung von selbstorganisierten Teams hat, ist die nicht klare Sicht der Wechselwirkungen innerhalb der Teams. Die in sich eher geschlossene Struktur selbstorganisierter Teams macht es für die Managementebene schwierig eindeutige Arbeitsabläufe zu identifizieren und individuelle Leistungen den Mitarbeitern zuzuschreiben. Aufgrund dessen ist es umso wichtiger für die Führungskraft als stetiger Berater bzw. Moderator den Teams zur Verfügung zu stehen.[79] Ebenso verdeutlicht es die Wichtigkeit einer funktionierenden zirkulären Feedbackkultur innerhalb des Teams und dessen Umwelt. Je höher der Grad an Selbstorganisation in einem Team ist, umso höher ist die Komplexität des Organisationsmodells und umso anspruchsvoller ist es für die Führungskraft dafür Sorge zu tragen, dass dem Team alles notwendige zur Verfügung steht, um effizient arbeiten zu können. Schließlich ist trotz der Selbstorganisation der Mitarbeiter am Ende die Führungskraft für den Erfolg bzw. dem Misserfolg des Teams verantwortlich. Die Führungskraft muss die Ziele klar formulieren, ausreichende Ressourcen zur Verfügung stellen, den Fortschritt innerhalb des Teams stetig überwachen und Rahmenbedingungen für einen erfolgreichen Austausch des Teams mit der Umwelt stellen. Das kann sich vor allem bei großen Teams und einem hohen Grad an Selbstorganisation als äußert anspruchsvoll und

---

[78] vgl. Gloger; Rösner 2018, S. 67
[79] vgl. Kaltenecker 2018, S. 14 ff.

komplex herausstellen. Aufgrund diesem Nachteil der erhöhten Komplexität des Systems der selbstorganisierten Teamarbeit könnte man davon ausgehen, dass sich traditionell hierarchisch geführte Teams als effizienter erweisen, da diese Form der Teamarbeit weniger Vorbereitungen und Abstimmungen benötigt und daher schneller mit der Aufgabenabwicklung begonnen werden kann. Langfristig erweisen sich selbstorganisierte Teams allerdings als effizienteres System, da durch sie Wissen und Fähigkeiten der Mitarbeiter besser genutzt werden und die Agilität des Unternehmens gestärkt wird. Nicht jede Führungskraft ist für ein solches System geeignet. Selbstorganisation erfordert Mut zur Veränderung und der Setzung neuer Prioritäten, vor allem im Hinblick auf der Veränderung des Führungsstils. Führungskräfte, die an ihrem traditionellen Führungsstil mit einer hierarchischen Struktur und alleiniger Autonomie festhalten, werden daher für die Zukunft vermehrt umdenken müssen, um sich weiterhin in der Führungsebene behaupten zu können.[80]

Ebenso wie bei der Führungskraft birgt die Selbstorganisation auch für die Mitarbeiter einige Herausforderungen, mit denen sie zwangsläufig lernen müssen umzugehen. Nicht für jeden Mitarbeiter kommt die selbstorganisierte Teamarbeit infrage und bringt nicht immer die Vorteile, die ihr zugeschrieben wird. Die Arbeit in selbstorganisierten Teams erfordert von den Mitarbeitern bestimmtes Wissen und Kompetenzen, insbesondere aber auch eine ausgeprägte Teamkompetenz. Die hohe Komplexität, die diese Art von Teamarbeit mit sich bringt, kann bei den Mitarbeitern, die diese Voraussetzungen nicht mitbringen, schnell zu einer Überforderung führen. Die Mitarbeiter müssen mit einem hohen Grad an Eigenständigkeit und Eigenverantwortung umgehen können. Hier spielen auch Persönlichkeitsmerkmale, Selbststeuerungskräfte und soziale Kompetenzen eine wichtige Rolle. Nicht jeder Mitarbeiter findet in der selbstorganisierten Teamarbeit seine Erfüllung. Als weiterer großer Nachteil kann das mögliche Konfliktpotenzial innerhalb der Teams angesehen werden. Konflikte in den Teams können für die Mitarbeiter belastend sein und erfordern ein hohes Ausmaß an sozialer Kompetenz. Konflikte können bei der Arbeit in Teams immer und überall auftreten, sie gehören zur Entwicklung eines Teams sogar maßgeblich dazu. Mitarbeiter müssen aber in der Lage sein diese Konflikte möglichst selbständig innerhalb der Teams zu lösen, was

---

[80] vgl. Laitenberger, O. (2019): Wie Führungskräfte trotz Agilität auf Kurs bleiben. URL: https://www.computerwoche.de/a/wie-fuehrungskraefte-trotz-agilitaet-auf-kurs-bleiben,3331628 (abgerufen am 01.12.2019)

ebenso spezielle Kompetenzen erfordert.[81] Dieses Thema wird in den nachfolgenden Kapiteln noch genauer betrachtet. Nicht gelöste Konflikte können sich vor allem bei eher introvertierten Persönlichkeiten negativ auswirken, da die Gefahr besteht, dass sich diese Mitarbeiter schnell unterdrückt fühlen und es möglicherweise schwer haben ihre Meinung durchzusetzen. Umso wichtiger ist es, dass das Team genügend Zeit hat, um sich zu entfalten und zusammenzuwachsen. Dieses Gesamtpaket an Eigenverantwortung, Selbständigkeit und Teamarbeit, die die selbstorganisierte Teamarbeit mit sich bringt, kann daher schnell zur Überlastung der Mitarbeiter führen. Umso wichtiger ist es für den Erfolg dieser Teamarbeit, dass die Führungskraft diese Punkte bei der Implementierung und Teamzusammenstellung beachtet.

Für die Führungskraft und die Mitarbeiter gibt es allerdings Möglichkeiten diese Nachteile und Herausforderungen zu reduzieren bzw. zu bewältigen. Das kann u. a. durch die Reduzierung der Komplexität und speziellen Coachings bzw. Seminare, sowohl für die Mitarbeiter als auch für die Führungskraft erreicht werden. Diese Möglichkeiten sollen im folgenden Kapitel genauer analysiert werden.

7.2 Lösungsansätze zur Reduzierung der Nachteile

Die Komplexität, die von dem Organisationsmodell der selbstorganisierten Teamarbeit ausgeht, ist für die Führungskraft nur schwer gänzlich zu reduzieren, aber es gibt Lösungsansätze, die beachtet werden sollten, um die Komplexität wenigstens so gut wie möglich in den Griff zu bekommen. Gloger und Rösner definieren in ihrem Buch 3 Strategien für den richtigen Umgang mit Komplexität: Hoffnung, Erhöhung der Kontrolle und Reduzierung bzw. Vereinfachung. Das Management versucht in den meisten Fällen die Komplexität in den Hintergrund zu schieben und nicht als relevante Herausforderung anzusehen. Die Komplexität wird regelrecht verdrängt und nur noch die Vorteile des neuen Modells der selbstorganisierten Teamarbeit stehen im Vordergrund (Hoffnung). Das diese Strategie auf längerer Sicht nicht sinnvoll ist sollte jedem Beteiligten allerdings klar sein, da sich die Komplexität nicht verdrängen lässt, vielmehr müssen Lösungen gesucht werden sie in den Griff zu bekommen. Eine weitere Strategie des Managements ist die Erhöhung der Kontrolle, durch Einführung von Regeln und Strukturen. So wird versucht die Prozesse zu vereinfachen und Unsicherheiten zu reduzieren. Allerdings hat sich in

---

[81] vgl. Gloger; Rösner 2018, S. 67 ff.

der Praxis gezeigt, dass mehr Kontrolle nicht unbedingt die Antwort auf Komplexität darstellt, sondern in vielen Fällen die Komplexität sogar erhöht. Ein weiterer Versuch die Komplexität in den Griff zu bekommen, ist es, ihr mit Reduzierung bzw. Vereinfachung von Arbeitsabläufen und Prozesse entgegenzutreten. Diese drei genannten Strategien sind aus heutiger Sicht allerdings für das Management der Zukunft nicht mehr zeitgemäß und können erst recht nicht als alleinige Handlungsgrundlage für die Reduzierung der Komplexität angesehen werden. Es müssen vielmehr neue Lösungsansätze überdacht werden, die die Komplexität der Selbstorganisation nicht als Feind ansehen, sondern als Chance neue Denkweisen in der Führung zuzulassen. Das Management muss sich die Komplexität eingestehen und sie als Herausforderung annehmen, anstatt zu versuchen sie zu verdrängen und ihr möglichst mit eigener Komplexität entgegentreten. Durch Kontrolle und dem Wunsch nach Absicherungen versuchen viele Manager die Komplexität in den Griff zu bekommen, jedoch behindert ein hoher Grad an Kontrolle die Selbstorganisation in den Teams erheblich und kann schnell zu etwaigen Konflikten führen.[82]

Der Umgang mit der Komplexität, die der selbstorganisierten Teamarbeit einhergeht, erfordert ein Umdenken des Managements. Komplexität lässt sich nicht steuern bzw. kontrollieren, es geht vielmehr darum nach Auslösern zu forschen und aus ihnen Konsequenzen bzw. Handlungsmöglichkeiten abzuleiten, wohlwissend das diese Lösungen nicht unbedingt zum gewünschten Erfolg führen müssen. Die Führungskraft muss sich bewusst werden, welche Herausforderungen und Spannungsfelder die Selbstorganisation mit sich bringen kann und sich diesen stellen. Nur so kann die Führung von selbstorganisierten Teams erfolgreich funktionieren und nur so kann die Komplexität durch die Führungskraft in den Griff bekommen werden.[83]

Wie bereits betrachtet, kann die selbstorganisierte Teamarbeit zur Überforderung der Mitarbeiter führen, wenn diese nicht das benötigte Wissen und die benötigten Kompetenzen mitbringen. Um dies entgegenzuwirken, gibt es Möglichkeiten, die die Unternehmen anbieten sollten, um ihre Mitarbeiter auf die Selbstorganisation und die damit einhergehende Selbstverantwortung einzustellen. Coachings bzw. Seminare können dabei helfen die Teamkompetenz zu verbessern und auf Herausforderungen der Selbstorganisation einzustellen. Zwar ist es auch wichtig für eine gute Teamentwicklung und für die Förderung der Selbstorganisation, dass sich die

---

[82] vgl. Gloger; Rösner 2018, S. 68

[83] vgl. Gloger; Rösner 2018, S. 70 ff.

Teammitglieder untereinander innerhalb des Teams selbständig coachen, aber ein professioneller außenstehender Coach kann wichtige Expertentipps für z. B. der Förderung der agilen Denkweise geben oder durch Persönlichkeitstrainings die sozialen Kompetenzen der Mitarbeiter stärken.[84] Regelmäßige Meetings der Teams können darüber hinaus helfen, alle Teammitglieder auf den neusten Stand der Arbeitsabläufe zu bringen, gemeinsam Lösungen für Probleme zu finden und Konflikte beizulegen. Die Führungskraft kann sich hier als Moderator anbieten oder einen bestimmten Experten dafür zur Verfügung stellen. Wichtig hierbei ist, dass der Moderator nicht direkt in den Kommunikationsprozess eingreift, sondern den Rahmen für diesen Prozess bildet und sich für aufkommende Fragen zur Verfügung stellt.

Die selbstorganisierte Teamarbeit läuft selten ohne Konflikte ab. Diese können je nach Situation kleiner oder größer ausfallen. Das bedeutet allerdings nicht, dass diese Konflikte die Teamarbeit behindern müssen, sie gehören vielmehr zur Teamentwicklung und Auslebung der Kreativität dazu. Dafür benötigt es aber gewisse Konfliktkompetenzen, um diese erfolgreich beilegen zu können und Konsequenzen bzw. Chancen aus ihnen abzuleiten. Da das Themengebiet Konflikte in Teams für die Gesamtbetrachtung und der Analyse der Nachteile der selbstorganisierten Teamarbeit durchaus eine wichtige Rolle spielt, soll dieses Themengebiet in den abschließenden Kapiteln noch genauer betrachtet werden.

7.3 Konflikte innerhalb eines Teams

Um das Themengebiet Konflikte in selbstorganisierten Teams genauer betrachten zu können, sollte zunächst die allgemeine Definition eines Konflikts geklärt werden und wie das Konfliktpotenzial und die Konfliktursachen innerhalb eines Teams aussehen. Für den Begriff Konflikt gibt es keine einheitliche festgelegte Definition, da Konflikte subjektiv betrachtet werden können und sich je nach Situation in der Intensität und dem Umfang unterscheiden. Bei einem Konflikt innerhalb eines Teams spricht man von einer sozialen Meinungsverschiedenheit und einem gleichzeitigen Beziehungsproblem zwischen mindestens zwei Personen, die andere Interessen bzw. Ansichten haben und sich dadurch bei der gemeinsamen Zielerreichung behindern bzw. sich gegenseitig blockieren. Diese Konflikte sollten im besten Fall innerhalb des Teams selbständig zur Sprache gebracht werden und

---

[84] vgl. Achouri 2018, S. 238 ff.

Lösungen zum Beilegen des Konfliktes gesucht werden. Ungelöste Konflikte bzw. nicht gänzlich gelöste Konflikte können sich für die weitere Teamarbeit und Leistung des Teams als sehr kontraproduktiv herausstellen und im schlechtesten Fall weitere Konflikte hervorrufen. Konflikte in selbstorganisierten Teams sind durchaus nicht unlösbar, vielmehr sorgt die Selbstorganisation für eine bessere Möglichkeit Lösungen für Konflikte selbständig und effektiv innerhalb des Teams zu lösen. Sie sollten nicht als Kampf gesehen werden, sondern als Möglichkeit zur Entwicklung und Veränderung.[85] Ein gewisses Konfliktpotential in einem Team ist bei einem gemeinsamen Arbeiten immer gegeben und variiert meistens je nach Komplexität und Unterschieden in den Ansichten bzw. Charaktereigenschaften der Mitarbeiter. Das Konfliktpotential kann also schon bei der Teamzusammenstellung reduziert werden, indem darauf geachtet wird welche Mitarbeiter für eine Selbstorganisation geeignet sind und aus welchen Mitarbeitern das Team zusammengestellt werden soll. Die gänzliche Verhinderung von Konflikten in Teams ist allerdings unmöglich, da in sozialen Systemen, in denen mehrere Menschen zusammenarbeiten ein gewisses Konfliktpotential immer vorhanden bleibt. Selbstorganisierte Teams müssen dabei nicht unbedingt anfälliger für Konflikte sein als hierarchisch geführte Teams. Sie besitzen vielmehr eine größere Effizienz bei der Beilegung von Konflikten. Im Konfliktfall können selbstorganisierte Teams eigenständig untereinander eine Lösung finden, ohne Einmischung von außen. Diese Ungezwungenheit bei dem Konfliktmanagement erweist sich in der Praxis meistens als effektiver und standfester. Das Management sollte daher im Konfliktfall auf die Kompetenz seiner Mitarbeiter vertrauen und eher dafür sorgen, dass die Konfliktfähigkeit der einzelnen Mitarbeiter gestärkt wird.[86]

Ein Konfliktfall kann durch viele verschiedenen Ursachen zustande kommen, je nach Team, Mitarbeiter und Situation können diese Ursachen stark variieren. Allgemeine Ursachen lassen sich daher nur schwer definieren, oft entstehen Konflikte aber aus einer persönlich empfundenen Ungerechtigkeit heraus. Dabei ist der Begriff Ungerechtigkeit wiederum ein sehr dehnbarer Begriff, da jeder Mitarbeiter Ungerechtigkeit anders definiert. In selbstorganisierten Teams können sie vor allem durch die verschiedenen Charaktereigenschaften in den Teams entstehen. Je nach Werten und persönlichen Einstellungen der Mitarbeiter kann es z. B. durch die unterschiedliche Arbeitsgeschwindigkeit oder durch andere Sichtweisen zu

---

[85] vgl. Proksch, S. (2014): Konfliktmanagement im Unternehmen, 2. Aufl., Berlin: Springer, S. 2
[86] vgl. Achouri 2013, S. 222

Konflikten kommen. Schließlich geht die Selbstorganisation mit einer hohen Selbstverantwortung und Eigenständigkeit der Mitarbeiter einher. Es gibt verschiedene mögliche Symptome, die auf einen Konflikt hindeuten können. So können Konflikte oft zu schlechter Leistung führen, zu einer schwindenden Arbeitsmotivation, zu Krankheit oder zu gegenseitigen Intrigen und Gerüchten innerhalb des Teams.[87]

Nachfolgend sollen die möglichen Arten von Konflikten, die innerhalb eines Teams auftreten können, genauer betrachtet werden und ein daraus resultierendes erfolgreiches Konfliktmanagement aufgezeigt werden.

7.4 Konfliktarten

Die Identifizierung des vorliegenden Konfliktes hat eine große Bedeutung, denn nur wenn die Art des Konfliktes bekannt ist, kann eine entsprechende Lösung gefunden werden. Oft muss man hierfür über den Tellerrand hinaussehen, um zum Kern des Konfliktes vorzudringen. Je nach Situation lassen sich 5 Grundarten von Konflikten unterscheiden: Sachverhaltskonflikt, Interessenkonflikt, Beziehungskonflikt, Wertekonflikt, Strukturkonflikt und innerer Konflikt. Der Sachverhaltskonflikt bezieht sich vor allem auf das fehlerhafte Kommunizieren durch verschiedene oder falsch vorliegende Informationen. Ein Sachverhaltskonflikt kann auch dann entstehen, wenn die vorhandenen Informationen unterschiedlich aufgefasst werden und es so zu Unstimmigkeiten über den Sachverhalt kommt. Hier muss für eine Lösung des Konflikts der Sachverhalt eindeutig aufgedeckt werden, indem nach den richtigen Informationen gesucht wird. Anders als beim Sachverhaltskonflikt geht es beim Interessenskonflikt nicht um Informationen bzw. Fakten, sondern um einen Konflikt, der durch verschiedene Ansichten bzw. unterschiedliche Interessensgrundlagen entsteht. Für die Lösung dieses Konflikts ist es notwendig, zuerst die unterschiedlichen Bedürfnisse der Betroffenen eindeutig zu klären, sodass eine individuelle beste Lösung gefunden werden kann. Ein Beziehungskonflikt entsteht auf emotionaler Ebene durch Gefühle wie u. a. Angst, empfundene Ungerechtigkeit oder Frustration der Betroffenen. Bei dieser Art des Konflikts macht es wenig Sinn bei der Lösungsfindung zuerst sachliche Punkte zu analysieren, vielmehr sollten die Betroffenen die Möglichkeit haben ihre Gefühle zum Ausdruck zu bringen. Die Streitparteien müssen verstehen, welche Gefühle die andere Seite

---

[87] vgl. Proksch 2014, S. 3

bewegen, bevor auf einer sachlichen Ebene weiterdiskutiert werden kann. Geht es in einem Konflikt um unterschiedliche Werteansichten bzw. Normvorstellungen, z. B. Pünktlichkeit oder unterschiedliche Verhaltensnormen der Streitparteien spricht man von einem Wertekonflikt. In einem Team ist es wichtig zuerst eine gemeinsame Wertebasis und Normgrundlage zu analysieren. In einem selbstorganisierten Team bildet das Team ihre eigenen individuellen Werte und Normen und ist für die Rollenverteilung selbständig verantwortlich, an denen sich alle Beteiligten halten sollten. Sollte es dann zu einem Wertekonflikt innerhalb des Teams kommen, kann diese Wertebasis als Ausgangsgrundlage verwendet werden und darauf ausgehend über die abweichenden Werteansichten bzw. Normansichten der Streitparteien diskutiert werden. Der Strukturkonflikt beinhaltet wie der Name schon verrät keine Differenz zwischen Personen, sondern zwischen strukturellen Gegebenheiten bzw. Organisationsformen. Zwischen unterschiedlichen strukturellen Abteilungen können dauerhaft Spannungen bestehen, da jede Abteilung unterschiedliche Prioritäten setzt. Eine Lösung für diese Spannungsfelder ist nur schwierig zu finden, vielmehr sollte die stetige Kommunikation zwischen diesen Abteilungen bzw. Teams gefördert werden, um gemeinsam Abstimmungen treffen zu können. Konflikte, die sich weniger zwischen mehreren Parteien abspielen, sondern vielmehr die Gefühlswelt einer Person betreffen und die im inneren Gedankengang dieser Person entstehen, nennt man innerer Konflikte. So können Entscheidungen die Arbeit und Familie betreffen, innere Konflikte auslösen.[88] Beide Werte konkurrieren miteinander und können einen Konflikt auslösen, da Prioritäten gesetzt werden müssen.[89]

Die besonders häufigsten Konflikte, die in einem agilen Umfeld und in selbstorganisierten Teams vorkommen sind Wertekonflikte bzw. Rollenkonflikte. Diese Konflikte laufen meistens eher verdeckt innerhalb der Teams ab und sind für außenstehende z. B. der Führungskraft nur schwer einsehbar. Die falsche Zuweisung von Rollen kann schnell in einem Konflikt enden, so kann sich als Beispiel ein introvertierter Teamleiter möglicherweise nur schwer im Team durchsetzen, was wiederum die Leistung des Teams negativ beeinflussen kann. Durch die geteilte Führung werden die teambasierten Prozesse komplexer, was wiederum immer mehr soziale und methodische Kompetenzen der Mitarbeiter voraussetzt. Durch falsche oder

---

[88] vgl. Proksch 2014, S. 6 ff.

[89] vgl. Kreuser, K.; Robrecht, T.; Erpenbeck, J. (2012): Konfliktkompetenz, 1. Aufl., Wiesbaden: Springer, S. 88

nicht ausreichende Kommunikation in den Teams können schnell Missverständnisse aufkommen. Umso wichtiger ist es die Kommunikationskompetenz, sowie die Konfliktkompetenz des Teams zu stärken.[90] Daher soll nachfolgend aufgezeigt werden, inwiefern mit Konflikten umgegangen werden kann und welche Strategien eine umfangreiche Konfliktkompetenz enthält.

7.5 Konfliktmanagement

Für den richtigen und effizienten Umgang mit Konflikten ist es wichtig, zu analysieren, wie man sich je nach Konfliktfall am besten verhält und welche Methoden zur Konfliktlösung in diesem Fall für die Streitparteien am besten geeignet sind. Die Strategie, die bei einem Konflikt angewandt wird, um eine Lösung zu erzielen, allgemein ausgedrückt der Umgang mit einem bestehenden Konflikt wird als Konfliktmanagementstrategie bzw. Konfliktmanagementstil bezeichnet. Bei dem Umgang mit Konflikten in der Praxis kann zwischen herkömmlichen (traditionellen) Methoden und komplementären Methoden des Konfliktmanagements unterschieden werden. Selbstverständlich gibt es noch zahlreiche weitere passive Methoden der Konfliktbearbeitung, wie u. a. Aussitzen oder Verleugnung des Konflikts.[91]

7.5.1 Herkömmliche Methoden des Konfliktmanagements

Konflikte in Teams müssen möglichst schnell und effizient beigelegt werden, da ansonsten die Leistung des Teams stark beeinträchtigt werden kann und im schlechtesten Fall aus ungelösten Konflikten weitere Konflikte entstehen können. In selbstorganisierten Teams ist es daher äußerst wichtig, dass klare Zielvorgaben, klare Rollenverteilungen und ausreichend Ressourcen vorhanden sind, um Konflikte vorzubeugen.

Die Strategien zur Konfliktlösung können je nach Unternehmen und Situation sich sehr unterschiedlich gestalten. Proksch definiert in seinem Buch aber zwei Grundformen des herkömmlichen Konfliktmanagements: Trennende Maßnahmen und Sachbezogene Maßnahmen.[92] Diese Maßnahmen werden dem herkömmlichen

---

[90] vgl. Hofert, S. (2019): Konflikte im agilen Umfeld: Welche es gibt, und wie Sie zur Vermeidung und Lösung beitragen können. URL: https://teamworks-gmbh.de/konflikte-im-agilen-umfeld-welche-es-gibt-wie-sie-damit-umgehen-und-was-sie-zur-loesung-beitragen-koennen/ (abgerufen am 10.12.2019)

[91] vgl. Zumsteg, M. (2019): Konfliktmanagement, Team Work Engagement und psychologische Sicherheit in Scrum-Teams, 1. Aufl., Wiesbaden: Springer, S. 13

[92] vgl. Proksch 2014, S. 26

bzw. traditionellen Konfliktmanagement zugeschrieben, da diese Konfliktlösungen nicht direkt die Streitparteien miteinbezieht vielmehr wird versucht Bedingungen zu schaffen, damit der Konflikt gelöst wird. Die trennenden Maßnahmen umfassen, wie der Name schon vermuten lässt Maßnahmen zur Trennung der Streitparteien, so dass der Konflikt nicht mehr weiterhin bestehen bleibt. Diese Trennung kann u. a. durch die Versetzung in ein anderes Team, im schlechtesten Fall aber auch durch eine Kündigung erzielt werden. Konflikte können allerdings auch durch strukturelle Probleme auftreten und müssen nicht immer personenbezogen auftreten. In Teams sollte daher auch eine neue Rollenverteilung in Betracht gezogen werden, da das Grundproblem des Konfliktes eventuell in der falschen Rollenbesetzung liegen könnte. In diesen Fällen sollte eher eine Konfliktbearbeitung, die die Betroffenen integriert vorgezogen werden, so kann durch das Wissen und den Erfahrungen der Streitparteien eine effizientere Lösung gefunden werden. Mithilfe sachbezogener Maßnahmen, wird unabhängig der Streitparteien nach Lösungen innerhalb der Teams gesucht. Diese Lösungen können sich u. a. durch neue Regeln, einer neuen Rollenverteilung oder durch eine Erneuerung der Arbeitsabläufe äußern. Ebenso wichtig zur Vermeidung von Konflikten innerhalb des Teams, sind ausreichend verfügbare Ressourcen, so kann die gegenseitige Abhängigkeit der Teammitglieder verringert werden. Diese Maßnahmen können allerdings hohe Kosten einhergehen und es stellt sich kein lernspezifischer Aspekt aus den Konflikten heraus, da die Konflikte an sich nicht direkt behandelt werden. Die herkömmlichen Methoden des Konfliktmanagements eignen sich nur dann, wenn sich der Konflikt auch wirklich mithilfe trennender Maßnahmen oder sachbezogener Maßnahmen vollständig lösen lässt. Diese Maßnahmen zeichnen sich dadurch aus, dass sie keine direkte Konfrontation mit dem Konflikt und den Streitparteien an sich suchen, sondern durch neue Bedingungen und veränderte Strukturen, versuchen den Konflikt aufzulösen. Sollte allerdings neben der Sachebene ein weiterer tieferer Konflikt auf der Beziehungsebene zwischen den Streitparteien vorliegen, reichen diese genannten Maßnahmen nicht mehr aus.[93] In diesem Fall sollten für die Konfliktlösung komplementäre Methoden angewandt werden.

---

[93] vgl. Proksch 2014, S. 27 ff.

7.5.2 Komplementäre Methoden des Konfliktmanagements

Anders als bei den herkömmlichen Methoden befassen sich die komplementären Methoden des Konfliktmanagements mit dem Konflikt an sich und versuchen mit verschiedenen Maßnahmen zu dem Grundproblem des Konflikts vorzudringen und ihn zu lösen. Proksch definiert hier zwei Grunddefinitionen von komplementären Methoden: Personenbezogene Maßnahmen und Integrierende Maßnahmen.[94] Personenbezogene Maßnahmen beschäftigen sich mit der individuellen Betrachtung der Personen, die im vorliegenden Konfliktfall beteiligt sind. Maßnahmen zur Konfliktlösung können hier u. a. persönliche Kommunikation bzw. das Angebot eines Coachings sein. In vielen Fällen kann ein persönliches Gespräch schon zum Erfolg führen, da der betroffene Mitarbeiter merkt, dass seine Unzufriedenheit wahrgenommen wird und er offen über seine Probleme und Ansichten reden kann. Allerdings liegt in der individuellen Betrachtung der Streitparteien der Nachteil, dass zwar nach einer Lösung gesucht werden kann, aber eine gemeinsame erarbeite Lösung zwischen den Streitparteien vernachlässigt wird.[95] Werden die Streitparteien in die Konfliktlösung miteinbezogen und es wird zusammen an einer Lösung gearbeitet, spricht man von integrierenden Maßnahmen der Konfliktbearbeitung. Maßnahmen in diesem Fall können z. B. Mediation, Teamentwicklung oder die direkte Kommunikation untereinander sein. Diese Maßnahmen der Konfliktbearbeitung haben viele Vorteile, da sie den Konflikt direkt angehen und so konkrete Lösungen gefunden werden, sodass der Konflikt effizient und vor allem nachhaltig gelöst werden kann. Es ist wichtig das die Mitarbeiter im Konfliktfall zuerst versuchen den Konflikt selbständig zu lösen, das stärkt die Selbständigkeit und wirkt sich positiv auf die Arbeitsmotivation aus.[96] Hier zeichnen sich vor allem selbstorganisierte Teams aus, da sie sich durch ihre gute Kommunikationskompetenz und der vorhandenen Selbstorganisation, Lösungen im Konfliktfall selbständig innerhalb des Teams suchen. Sie zeichnen sich im Konfliktfall also durch ihre integrierenden Maßnahmen aus.

Das jeweilige Verhalten in einem Konflikt kann sowohl objektive Effekte wie auch subjektive Effekte mit sich bringen. Fühlt sich eine Partei z. B. von der anderen Seite beleidigt und trifft deshalb weitere Maßnahmen, kann dies zu weiteren Komplikationen und Konflikten führen. Von objektiven Effekten spricht man z. B. wenn das

---

[94] vgl. Proksch 2014, S. 26
[95] vgl. Proksch 2014, S. 28 ff.
[96] vgl. Proksch 2014, S. 29

Verhalten innerhalb eines Konflikts zu Sachschäden bzw. größeren wirtschaftlichen Schäden innerhalb des Unternehmens führt.[97] Das folgende Kapitel soll die Konfliktkompetenz und das Verhalten innerhalb eines Konflikts anhand von drei Modellen genauer betrachten und das Kapitel abschließen.

7.6 Konfliktkompetenz

Die Strategie, die bei der Konfliktlösung angewandt wird, sowie das Verhalten der Streitparteien innerhalb eines Konflikts beeinflussen maßgeblich den Erfolg der Konfliktbearbeitung, sowie den Schaden, den der Konflikt anrichtet. Das Konfliktmanagement umfasst eine Vielzahl von verschiedenen Lösungsansätzen und Verhaltenstipps innerhalb eines Konflikts. Da sich jeder Konflikt je nach Situation unterscheidet, muss jeweils analysiert werden, welche Strategie für den jeweiligen Konflikt am besten geeignet ist. Beim Thema Konfliktmanagement gibt es viele entwickelte Modelle, die dabei helfen sollen zu verstehen welche Strategie für den jeweiligen Konflikt am sinnvollsten ist und welches Verhalten in dieser speziellen Situation angebracht wäre. Auf drei dieser entwickelten Grundmodelle soll nachfolgend zum Abschluss des Themas Konflikte in kurzer Form eingegangen werden.

7.6.1 Gewaltfreie Kommunikation

Das Modell der gewaltfreien Kommunikation (GfK) wurde von Marshall B. Rosenberg entwickelt. Er hatte während seiner Forschung herausgefunden, dass Gewalt häufig aufgrund der fehlerhaften Kommunikation der eigenen Bedürfnisse und der Bedürfnisse anderer entsteht. Daher entwickelte er ein Modell, dass die gewaltfreie bzw. bedürfnisorientierte Kommunikation darstellt. Dieses Modell hilft dabei, unerfüllte Bedürfnisse zu erkennen und auch in schwierigen Situationen einfühlsam miteinander zu kommunizieren, anstatt Gewalt anzuwenden.

---

[97] vgl. Zumsteg 2019, S. 13

Ehrlich ausdrücken, **wie es mir geht**, ohne zu beschuldigen oder zu kritisieren.	Empathisch aufnehmen, **wie es dir geht**, ohne Beschuldigungen oder Kritik zu hören.
Beobachtungen	
1. Was ich beobachte (*sehe, höre, an was ich mich erinnere, was ich mir vorstelle, frei von meinen Bewertungen*), das zu meinem Wohlbefinden beiträgt oder nicht: *„Wenn ich sehe, höre …"*	1. Was du beobachtest (*siehst, hörst, an was du dich erinnerst, was du dir vorstellst, frei von deinen Bewertungen*), das zu deinem Wohlbefinden beiträgt oder nicht: *„Wenn du siehst / hörst …"* (Wird beim Anbieten von Empathie manchmal weggelassen.)
Gefühle	
2. Wie ich mich fühle (*Emotionen oder Empfindungen statt Gedanken*) in Beziehung zu dem, was ich beobachte: *„… fühle ich …"*	2. Wie du dich fühlst (*Emotionen oder Empfindungen statt Gedanken*) in Beziehung zu dem, was du beobachtest: *„… fühlst du …"*
Bedürfnisse	
3. Was ich brauche oder schätze (*statt einer Präferenz oder einer spezifischen Handlung*), das meine Gefühle verursacht: *„… weil ich brauche / mir wichtig ist …"*	3. Was du brauchst oder schätzt (*statt einer Präferenz oder einer spezifischen Handlung*), das deine Gefühle verursacht: *„… weil du brauchst / dir wichtig ist …"*

Klar um etwas bitten, das **mein** Leben bereichern würde, ohne zu fordern.	Empathisch aufnehmen, was **dein** Leben bereichern würde, ohne irgendeine Forderung zu hören.
Bitten	
4. Die konkreten Handlungen, von denen ich mir wünsche, dass sie in die Tat umgesetzt werden: *„Wärest du bereit, zu …?"* *„Und würdest du bitte …"*	4. Die konkreten Handlungen, von denen du dir wünschst, dass sie geschehen: *„Würdest du gern …?"* (Wird beim Anbieten von Empathie manchmal weggelassen.)

Abbildung 2: Modell der GfK nach Marshall B. Rosenberg[98]

Obwohl das Modell auf den ersten Blick gut formuliert werden kann, ist seine Umsetzung in der Praxis alles andere als einfach. Die ersten beiden Schritte Beobachtungen und Gefühle werden nicht kommuniziert, sondern nur schweigsam selbst reflektiert. Die folgenden zwei Schritte die Bedürfnisse und die Bitte werden konkret und direkt mit dem Gesprächspartner kommuniziert. Rosenberg geht davon aus, dass alles was Menschen tun, der Versuch sei, sich unerfüllte Bedürfnisse zu erfüllen. Das Modell enthält dabei keine revolutionär neuen Erkenntnisse in Bezug

---

[98] Rosenberg, M. B. (2016): Gewaltfreie Kommunikation, 12. Aufl., Paderborn: Junfermann, S. 212

auf die Kommunikation untereinander, es soll vielmehr darstellen, wie wir mit einander richtig kommunizieren sollten und aufzeigen wie wir uns klar und deutlich ausdrücken können, jedoch ohne dabei unseren Gesprächspartner zu beleidigen oder zu verletzen.[99] Daraus entwickelt sich unsere Selbsteinfühlung bzw. unsere Empathie. Das Modell der GfK hilft bei der einfühlsamen und respektvollen Kommunikation untereinander, da wir durch sie uns und unsere Bedürfnisse, sowie unseren Gesprächspartner besser verstehen können. Die unterschiedliche soziale Kompetenz der Gesprächspartner unterscheidet die Strategie, mit der Bedürfnisse erfüllt werden.[100]

7.6.2 Eskalationsmodell

Das Eskalationsmodell wurde von Friedrich Glasl entwickelt und gibt Aufschluss über die neun Ebenen eines Konflikts und welches Verhältnis von positiven und negativen Effekten auf der jeweiligen Ebene erwartet werden kann. Glasl definiert das Verhalten in einem Konflikt anhand einer absteigenden Treppe mit 9 vorhandenen Eskalationsstufen.

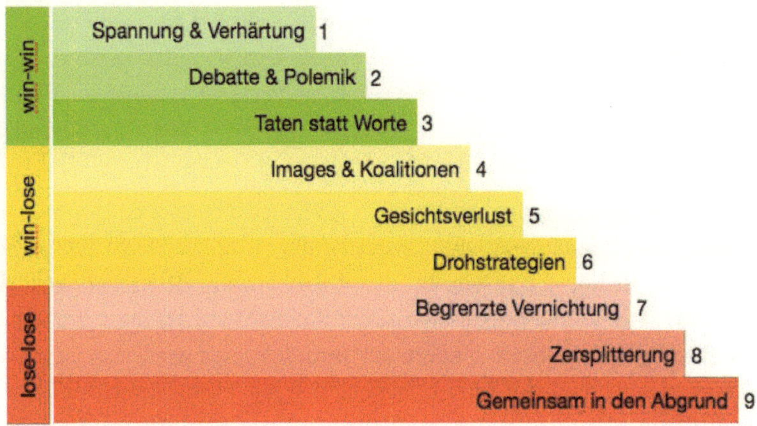

Abbildung 3: Eskalationsmodell nach Friedrich Glasl[101]

---

99   vgl. Rosenberg 2016, S. 19

100 vgl. Schubert-Panecka, K. (2018): Gewaltfreie Kommunikation, 1. Aufl., Wiesbaden: Springer, S. 17 ff.

101 Machold, I. (o.J.): Wie ticken wir eigentlich in einem Konflikt? Eine kleine Geschichte. URL: https://konflikte-entfalten.de/wie-ticken-wir-eigentlich-in-einem-konflikt-eine-kleine-geschichte/ (abgerufen am 12.12.2019)

Je stärker sich der Konflikt verhärtet und die Eskalationsstufe sich verschlimmert, umso schneller sinken die moralischen Bedenken und das Eskalationsrisiko des Konflikts steigt. Auf der letzten Stufe sind die Fronten so verhärtet, dass eine Deeskalation so gut wie nicht mehr möglich ist. Glasl definiert diese höchste neunte Ebene eines Konflikts mit dem gemeinsamen Sprung in den Abgrund, indem beide Parteien einen Verlust hinnehmen. Der Konflikt lässt sich hier nicht mehr ohne Eingriff von außen lösen, da die Fronten zu sehr verhärtet sind. Die neun Eskalationsstufen, sind noch einmal in drei Ebenen unterteilt: win-win, lose-win und lose-lose. Diese Ebenen sollen aufzeigen, auf welcher Stufe bei einer erfolgreichen Konfliktbeilegung, entweder beide noch einen Gewinn aus dem Konflikt ziehen können, nur einer noch gewinnen kann oder beide nur noch verlieren können. Das Modell soll bei der richtigen Analyse des Konflikts helfen und zeigen, welche Maßnahmen sich für eine Konfliktlösung eignen bzw. ob Hilfe von außen benötigt wird.[102]

7.6.3 Konfliktlösungsstrategien nach Gerhard Schwarz

Bei einem Konfliktfall gibt es zahlreiche Strategien, die sich für die erfolgreiche Konfliktlösung eignen können. Gerhard Schwarz definiert dabei 6 Grundmuster, denen die verschiedenen Lösungen zugeordnet werden können: Flucht, Vernichtung, Unterordnung, Delegation, Kompromiss und Konsens. Diese Grundmuster verlaufen nach Glasl ebenso wie beim Eskalationsmodell stufenförmig nach oben, angefangen von der Flucht bis hin zum Konsens und stellen die sozialen Entwicklungsstufen eines Menschen dar.[103]

Das erste Grundmuster die Flucht, stellt wohl die einfachste und risikoärmste Variante bei der Konfliktbearbeitung dar, allerdings kann die Flucht auf längere Sicht viele Nachteile mit sich ziehen. Zwar kann die Flucht in vielen Konfliktsituationen durchaus sinnvoll und praktisch sein, der Konflikt wird auf diese Weise meistens aber nicht gänzlich gelöst, sondern nur verdrängt, was wiederum zu immer wiederkehrenden Konflikten führen kann und sich somit keine Entwicklung einstellen kann. Gerade der Lernprozess durch einen gelösten Konflikt, der in der Praxis als sehr wichtig angesehen wird, stellt sich bei dieser Variante nicht ein. Dem Grundmuster Vernichtung können die Konfliktlösungen zugeordnet werden, die eine gezielte Vernichtung bzw. Schädigung der anderen Seite verfolgen. Darunter können z. B. auch Entlassungen, Krieg, Rufmord oder die wettbewerbsspezifische

---

[102] Machold o.J.
[103] vgl. Schwarz, G. (2014): Konfliktmanagement, 9. Aufl., Wiesbaden: Springer, S. 281

Vernichtung eines anderen Unternehmens fallen. Diese Vernichtungsstrategie hat den Vorteil das die andere Partei komplett verschwindet und somit auch kein weiterer Konflikt dieser Art auftreten kann. Allerdings bedeutet dies auch, dass diese Entscheidung endgültig ist und eine Alternative nicht mehr vorhanden ist. Das beste Beispiel für die Konfliktlösungen, die dem Punkt Unterwerfung zugeordnet werden, ist die traditionelle herrschende Hierarchie innerhalb der Unternehmen, indem eine Stelle immer einer übergeordneten Ebene zugeordnet ist und sich vor dieser Ebene zu verantworten hat. Der größte Vorteil bei der Unterwerfung ist wohl die Arbeitsteilung, sowohl horizontal als auch vertikal. Nachteil bei diesen Konfliktlösungen kann allerdings die unflexible Rollenverteilung darstellen und die Einschränkung der Kreativität und der Selbstverwirklichung. Die Weiterentwicklung der Unterwerfung stellt die Delegation dar. Die Entscheidung über den Konflikt wird hier einer nicht beteiligten dritten Person bzw. Instanz überstellt. Diese Methode der Konfliktlösung hat allerdings zwei Voraussetzungen. Zum einen, dass es im vorliegenden Konflikt sowohl eine richtige als auch eine falsche Lösung gibt und zum anderen, dass die delegierte höhere Instanz überhaupt in der Lage ist eine Lösung zu finden. Der Vorteil der Delegation ist, dass sie eine gewisse Neutralität bei der Konfliktbearbeitung einhergeht und sachlich und objektiv nach einer Lösung gesucht werden kann. Der Kompromiss beschreibt Konfliktlösungen, bei denen eine gemeinsame Teileinigung erzielt werden kann. Diese kann zwischen den Streitparteien ausgehandelt werden, oder auf letztem Weg gerichtlich beschlossen werden. Ein sogenannter fauler Kompromiss liegt vor, wenn der größte kontroverse Teil des Konflikts nicht behandelt wurde und somit die Gefahr besteht, dass der Konflikt immer wieder erneut auftaucht. Die sechste Methode, die Suche nach Konsens macht erst Sinn, wenn alle fünf zuvor genannten Methoden versagen. Umgangssprachlich kann man in diesem Fall von einem sogenannten Dilemma reden, dass weder auf emotionaler Ebene noch auf sachlicher Ebene Sinn ergibt. Schwarz spricht hier auch von einer Aporie. Diese Aporie zeichnet sich durch drei Eigenschaften aus: zwei unterschiedliche Interessen bzw. Behauptungen, die allerdings beide der Wahrheit entsprechen und dabei voneinander abhängig sind. So kann also nur eine Behauptung richtig sein, wenn es auch die andere ist und umgekehrt.[104] Für ein erfolgreiches Konfliktmanagement ist es wichtig, den Konflikt richtig analysieren und einordnen zu können, um die sinnvollste Lösung zu finden.

---

[104] vgl. Schwarz 2014, S. 283 ff.

8 Fazit

Ein Team wird als soziales System aus dem Zusammenschluss mehrerer Personen, die gemeinschaftlich in einem festgelegten Rahmen Aufgaben bearbeiten angesehen. In Unternehmen hat die Teamarbeit in den letzten Jahren deutlich an Bedeutung gewonnen, da dieses System viele Vorteile mit sich bringt und es das Lösen komplexerer Aufgaben zulässt. Durch die wachsenden Herausforderungen für die Unternehmen, aufgrund des stetigen Wandels in der Arbeitskultur, der Globalisierung und den sozialen Bedürfnissen der Mitarbeiter, ist ein Wandel der Denkweise, hin zu einer agilen Denkweise erkennbar. Diese agile Denkweise führt zu einer wachsenden Bedeutung von Selbstorganisation. Selbstorganisierte Teams zeichnen sich dadurch aus, dass sie schnell auf Veränderungen ihrer Umwelt reagieren können und fördern die Kreativität, die sozialen Kompetenzen und die Motivation der Mitarbeiter. Dabei durchlaufen diese Teams einen stetigen Entwicklungsprozess und zeichnen sich durch einen kontinuierlichen Lernprozess aus. Dabei benötigt Selbstorganisation aber durchaus eine gewisse Führung, die den inhaltlichen Rahmen vorgibt und die als Moderator und Anlaufstelle für Feedback und Problemen dient. Dies führt zwangsläufig auch zu einem Wandel des Führungsstils vom traditionellen hierarchischen Führen hin zu einem systemischen Führungsstil.

Das System der selbstorganisierten Teamarbeit beinhaltet eine Vielzahl von Erfolgsfaktoren, aus denen sich verschiedene Vorteile, sowohl für die Führungskraft als auch für die Mitarbeiter herauskristallisieren lassen. Die Vorteile, die die Mitarbeiter durch die selbstorganisierende Teamarbeit erlangen können, sind vor allem die erhöhte Freiheit und Handlungsspielräume in ihrer Arbeitsgestaltung. Durch die Eigenverantwortung und Selbstbestimmung steigt zudem die Arbeitsmoral und die Motivation. Die Führungskraft wird durch selbstorganisierende Teams entlastet, da sie meistens die wachsenden komplexen Aufgaben nicht allein bewältigen kann. Sie kann durch die Teamzusammensetzung der Mitarbeiter, mit verschieden demografischen Merkmalen und einer unterschiedlichen Ausprägung an Wissen und Kompetenzen, die Kreativität und die fachübergreifende Leistung des Teams fördern. Das bedeutet nicht, dass das Management an sich an Bedeutung verliert, vielmehr bedeutet dies, dass die Denkweise und die Strukturen des Managements sich verändern müssen. Trotz der vielen Vorteile birgt die selbstorganisierende Teamarbeit auch Nachteile und Herausforderungen für beide Seiten. Sie bringt eine neue Form der Komplexität mit sich und damit einhergehend Herausforderungen, die bewältigt werden müssen. Die Führungskraft kann nur schwer in das eher in sich geschlossene System einsehen, was eine Zuordnung der einzelnen Leistungen der Mitarbeiter erschwert. Die Mitarbeiter hingegen müssen die erforderlichen Kompetenzen für die Selbstorganisation mitbringen und sich auf das System einlassen, sonst kann es schnell zu einer Überforderung kommen, was wiederum zu einer Bedrohung der Teamdynamik und Konflikte führen kann. In jeder Teamarbeit kommt es hin und wieder zu Konflikten. Dabei sind Konflikte nicht unbedingt schlecht, ein erfolgreiches Konfliktmanagement kann zu positiven sozialen Effekten führen und den Entwicklungsprozess und Lernprozess der Mitarbeiter fördern.

Die Ergebnisse zeigen, dass die selbstorganisierte Teamarbeit ein wichtiges und effektives System darstellt, um die wachsenden Herausforderungen für die Unternehmen zu bewältigen. Um die agile Denkweise zu stärken, werden die Unternehmen gezwungen sein die Selbstorganisation der Mitarbeiter zu erhöhen. Zwar sind immer noch viele Manager von ihrem traditionellen hierarchischen Führungsstil überzeugt, wenn sie aber auch in Zukunft noch in der Führungsebene mitspielen wollen, müssen auch sie zwangläufig einen Wandel in ihrer Führungsdenkweise durchführen. Dabei führt allerdings auch die selbstorganisierte Teamarbeit nicht immer zum erhofften Erfolg. Selbstorganisation eignet sich nicht in jeder Situation. Nur wenn alle Rahmenbedingungen und Ressourcen für die Selbstorganisation vorhanden sind und das System auch von den Mitarbeitern angenommen wird, machen selbstorganisierte Teams einen Sinn. Es muss gelernt werden mit der Komplexität des Systems umzugehen, damit sich der erhoffte Erfolg einstellen kann.

Ist die selbstorganisierte Teamarbeit, wie sie in der Wissenschaft oft bezeichnet wird, allerdings wirklich ein sogenanntes „Wunderwerkzeug" für die Organisationen? Es hat sich gezeigt, dass dieses System große Vorteile bietet und vor allem für die nachhaltige Betrachtung der Ziele, sich als äußerst wichtig darstellt. Meiner Meinung nach gibt es allerdings kein „perfektes" System, sondern es muss je nach Situation individuell nach der perfekten organisationalen Lösung gesucht werden. Es ist wichtig, das System der selbstorganisierten Teamarbeit weiter zu erforschen und zu entwickeln, da sich Systeme und ihre Umwelt stetig weiterentwickeln. Was heute als vorteilhaftes System gedeutet wird, kann in ein paar Jahren durch die rasante Entwicklung der Arbeitskultur und der Globalisierung schon nicht mehr als zeitgemäß angesehen werden. Für eine agile Denkweise und die Zukunftssicherung der Unternehmen, muss das Management in Bezug auf die Führung allerdings umdenken, weg von einem starren Kontrollsystem, hin zu einer Erhöhung der Selbstorganisation und Verantwortungsübertragung an die Mitarbeiter.

Literaturverzeichnis

Einzelwerke

Achouri, C. (2013): Wenn Sie wollen, nennen Sie es Führung, 2. Aufl., Offenbach am Main: Gabal

Achouri, C. (2018): Human Resources Karriere im Personalmanagement, 1. Aufl., Stuttgart: Kohlhammer

Becker, F. (2016): Teamarbeit, Teampsychologie, Teamentwicklung, 1. Aufl., Berlin: Springer

Eberhardt, D. (Hrsg.) (2013): Together is better?, 1. Aufl., Berlin: Springer

Gloger, B.; Rösner, D. (2018): Selbstorganisation braucht Führung 2. Aufl., München: Carl Hanser Verlag

Kaltenecker, S. (2017): Selbstorganisierte Unternehmen, 1 Aufl., Heidelberg: dpunkt.verlag

Kaltenecker, S. (2018): Selbstorganisierte Teams führen, 2. Aufl., Heidelberg: Dpunkt.Verlag

Karst, K.; Segler, T; Gruber, K. (2000): Unternehmensstrategien erfolgreich umsetzen durch Commitment Management 1. Aufl., Berlin: Springer

Keuper, F.; Groten, H. (Hrsg.) (2007): Nachhaltiges Change Management, 1. Aufl., Wiesbaden: Gabler

Kreuser, K.; Robrecht, T.; Erpenbeck, J. (2012): Konfliktkompetenz, 1. Aufl., Wiesbaden: Springer

Meier, R. (2012): 30 Minuten Teamarbeit, 5. Aufl., Offenbach: Gabal

Meves, Y. (2012): Emotionale Intelligenz als Schlüsselfaktor der Teamzusammensetzung, 1. Aufl., Wiesbaden: Springer Gabler

Nerdinger, F.; Blickle, G.; Schaper, N. (o.J.): Arbeits- und Organisationspsychologie, 4. Aufl., Berlin: Springer

Niermeyer, R. (2016): Teams führen, 2 Aufl., Freiburg: Haufe

Proksch, S. (2014): Konfliktmanagement im Unternehmen, 2. Aufl., Berlin: Springer

Rosenberg, M. B. (2016): Gewaltfreie Kommunikation, 12. Aufl., Paderborn: Junfermann

Rosenberger, V. (2018.): Selbstorganisierte Teams. Konstruktive Konfliktlösung für eine erfolgreiche Teamarbeit, 1. Aufl., München: Grin Verlag

Schubert-Panecka, K. (2018): Gewaltfreie Kommunikation, 1. Aufl., Wiesbaden: Springer

Schwarz, G. (2014): Konfliktmanagement, 9. Aufl., Wiesbaden: Springer

von Ameln, F.; Willemse, J. (2018): Theorie und Praxis des systemischen Ansatzes, 1. Aufl., Berlin: Springer

Zumsteg, M. (2019): Konfliktmanagement, Team Work Engagement und psychologische Sicherheit in Scrum-Teams, 1. Aufl., Wiesbaden: Springer

Elektronische Quellen

Aulinger, A. (2017): Selbstorganisation – ein Organisationsprinzip für Agilität. URL: https://steinbeis-iom.de/app/uploads/2017-10-Whitepaper_Selbstorganisation.pdf (Stand: 25.10.2019)

Bhagwati, M. (o.J.): Selbstorganisation. URL: http://www.daswirtschaftslexikon.com/d/selbstorganisation/selbstorganisation.htm (Stand: 25.10.2019)

Diepenhorst, H. (o.J.): Tuckman Phasenmodell. URL: https://teamentwicklunglab.de/tuckman-phasenmodell (Stand 30.10.2019)

Hepp, V. (o.J.): Selbstorganisation. URL: https://www.systemstellen.org/wiki/systemaufstellung/selbstorganisation/ (Stand 05.11.2019)

Hofert, S. (2019): Konflikte im agilen Umfeld: Welche es gibt, und wie Sie zur Vermeidung und Lösung beitragen können. URL: https://teamworksgmbh.de/konflikte-im-agilen-umfeld-welche-es-gibt-wie-sie-damit-umgehen-und-was-sie-zur-loesung-beitragen-koennen/ (Stand 10.12.2019)

Karlinger, G. (2015): Selbstorganisierte Teams mit dem CDE-Modell führen. URL: https://transferio.at/agile-coach/selbstorganisierte-teams-mit-dem-cde-modell-fuehren/ (Stand 05.11.2019)

Laitenberger, O. (2019): Wie Führungskräfte trotz Agilität auf Kurs bleiben. URL: https://www.computerwoche.de/a/wie-fuehrungskraefte-trotz-agilitaet-auf-kurs-bleiben,3331628 (Stand 01.12.2019)

Lendis GmbH (Hrsg.) (2019): Alles agil? Was bedeutet überhaupt „agiles Arbeiten"?. URL: https://magazin.lendis.io/was-ist-agiles-arbeiten/ (Stand 21.11.2019)

Machold, I. (o.J.): Wie ticken wir eigentlich in einem Konflikt? Eine kleine Geschichte. URL: https://konflikte-entfalten.de/wie-ticken-wir-eigentlich-in-einem-konflikt-eine-kleine-geschichte/ (Stand 12.12.2019)

VNR Verlag für die Deutsche Wirtschaft AG (Hrsg.) (2019): Selbstorganisation: Agiles Management in Unternehmen. URL: https://www.personalwissen.de/selbstorganisation-agiles-management/ (Stand am 20.11.2019)

Warkentin, N. (o.J.): Teamarbeit: Voraussetzungen, Vorteile, Tipps. URL: https://karrierebibel.de/teamarbeit/phasenmodell (Stand 30.10.2019)